Pearson

阅 / 读 / 教 / 学 / 新 / 视 / 野 / 丛 / 书

THE ART OF TEACHING READING

如何有效运用
阅读教学策略？

[美] 露西·麦考密克·卡尔金斯 Lucy McCormick Calkins **著**

林 玲 **译** 吴海玲 **校**

教育科学出版社

·北 京·

谨将此书献给我最小的儿子——埃文

在家中，他是我们积极的“社会活动家”

他知道，阅读、写作、倾听和交谈可以帮助我们建立一个更好的世界

他使用语言和文字伸张正义、反对不公、团结周围的人

并以此

创设不同的社群

致　谢

美国有两百多所学校参加哥伦比亚大学师范学院的阅读与写作项目。这本书是由参与项目的教师、校长、教师教育者和学生合作完成的，是无与伦比的共同创作的结晶。十五年来，项目组成员进行了大量的阅读、教学、记录、研究和改革，从青涩的教师成长为有经验的导师。他们欢迎批评指正并不断修正和完善自己的想法，最终完成本书。我非常感谢参与其中的诸多教师和孩子。他们提出深刻的问题和想法、分享自己的故事、制订评估标准、收集作品，这些都体现在这本书中。

这些年来，我们之所以能够在众多学校中开展阅读研究工作，是因为约瑟夫·施格兰基金会（Joseph E. Seagram and Sons Foundation）源源不断的资助。有一年，约瑟夫·施格兰基金会资助我们进行全校性的阅读系统研究和改革。他们还帮助我们启动了一项关于阅读困难的研究。同时，由于他们的资金支持，我们阅读项目的一些教师得以成长，成为导师。约瑟夫·施格兰基金会公共事务部的副部长帕齐·格莱泽（Patsy Glazer）先生多年来也一直担任我们的顾问并指导我们的工作。在我们快速发展需要资金支持时，约瑟夫·施格兰基金会总是随时伸出援助之手。我们非常荣幸能得到他们的持续资助，也希望本书能够不愧对他们的慷慨解囊。

有研究显示，童年时期我们身边的各种人际关系都会影响我们的成长。如果一个孩子的成长伴有祖父母、邻居、音乐老师、教练等，那么他的身上或多或少会呈现出这些人的影子。就像这个孩子一样，多年来，《阅读教学的艺术》(*The Art of Teaching Reading*)[①] 在其成书过程中，非常幸运地吸取了所有参与者的思想精华。

刚开始写这本书的时候，我就邀请凯西·科林斯（Kathy Collins）做我的研究伙伴，帮助我拓展、修订和完善关于小学阅读教学方面的理念。凯西·科林斯是我认识的最具智慧、最有原则的小学教师。我希望读者和我自己能向凯西·科林斯和她的学生学习。读者会发现，凯西·科林斯所具有的最大的天赋是对低龄读者非常了解。她快速的反应能力使她的教学非常幽默，并且她本人具有超凡的洞察力和创造力。这些闪光点使她的教学熠熠生辉。凯西·科林斯擅于针对不同的学生（教师）采取不同的教学方法。她的这种能力体现在整本书中，尤其是与小学相关的章节。

我对凯瑟琳·托兰（Kathleen Tolan）的感激之情溢于言表。团队的所有成员都认为她是阅读研发方面的带头人。和我一样，我们团队中相当一部分的优秀教师都视凯瑟琳·托兰为导师。在进行调查、质疑、创造和探究时，她毫无保留地向我们展示了她的思考过程，对此我非常感激。

---

① 中文版译为“阅读教学新视野丛书”。

《阅读教学的艺术》把我们阅读智囊团的思想和课程研发工作落实到了纸面。这个团队由二十五位优秀的教育者组成，在过去的十几年中我们进行积极的沟通合作。我们经常利用周末聚在一起学习，进行课堂研究。我们共同计划，一起创办了独特的暑期研究班。我对阅读智囊团的每一位成员，不管是现在的还是以前的，都表示衷心的感谢。

在我们开始写这本书时，兰迪·博默（Randy Bomer）是阅读与写作项目的共同负责人，他现在是印第安纳大学教育学院的教授。这本书中很多大胆的观点，都是我们一起设想并提出的。他的想法非常有创意，与我和同事们的想法、实践相得益彰。这本书里很多的表述都来自他，我对他的著述、智慧和给予我的友谊都由衷地表示感谢。

还需要特别提及其他很多人。现在在曼哈顿89分区教学的唐娜·桑特曼（Donna Santman）曾是我们项目组的重要成员，她把我们团队的理念提升到一个新高度。凯茜·多伊尔（Kathy Doyle）在我大部分的创作中都充当着重要的角色，这次也不例外。很多老师同意我观察他们的教学过程，有纽约格伦黑德学校的金·塔皮尼安（Kim Tarpinian），曼哈顿新学校的沙伦·希尔（Sharon Hill），曼哈顿116分区的金尼·洛克伍德（Ginny Lockwood）和特雷莎·卡卡瓦莱（Teresa Caccavale），布鲁克林321分区的莉萨·里珀格（Lisa Ripperger）、利兹·菲利普斯（Liz Phillips）、汉娜·施妮温德（Hannah Schneewind）和勒妮·迪纳斯坦（Renee Dinnerstein），康涅狄格州丹柏利伍斯特学校的吉兰·怀特（Gillan White）和凯茜·格兰姆斯（Cathy Grimes），曼哈顿199分区的埃丽卡·利夫（Erica Leif）和玛丽·基亚雷拉（Mary Chiarella）。在此，我对劳丽·佩萨（Laurie

Pessah）、凯瑟琳·博默（Katheine Bomer）、亚历克莎·斯托特（Alexa Stott）、玛丽·安·科尔伯特（Mary Ann Colbert）、马克·哈迪（Mark Hardy）、安娜玛丽·鲍尔斯（Annemarie Powers）、帕姆·阿林（Pam Allyn）、罗里·弗里德-科恩（Rory Freed-Cohen）和其他所有参与阅读与写作项目的同事表示感谢，谢谢他们跟我分享自己的阅读教学故事。

对于加比·莱登（Gaby Layden）在阅读困难教学方面的智慧和经验，还有她在研究和应用故事的基本要素方面所做的出色工作，我也表示感激。她以清晰的思维，慷慨地向我传授她的经验，这也是她从事教师教育工作的风格。

如果没有林恩·霍尔库姆（Lynn Holcomb）的智慧、博学及热心的帮助，尤其是她在图书分级和低龄读者测评方面的知识，我是无法完成这本书的创作的。阅读与写作项目的研究负责人伊索克·尼亚（Isoke Nia）是“单元学习”理念的先锋倡导者，在研究和应用故事的基本要素方面也提出了重要的新观点。

莉迪娅·贝利诺（Lydia Bellino）是《培养终身学习者》（*Raising Lifelong Learners*）的供稿人，也是纽约冷泉港小学的校长。二十年来，每当我在写作和学习方面进行新的尝试的时候，我总是会寻求她的帮助。她在阅读教学和学校管理方面的知识渊博，我对她的学识十分依赖。

由于要完成《阅读教学的艺术》的创作，我面临巨大的挑战，所以我邀请凯特·蒙哥马利（Kate Montgomery）陪伴我度过修改工作的最后几个星期。她是《亲爱的流放者》（*Dear Exile*）的作者之一，也承担过阅读与写作项目的研究工作。凯特·蒙哥马利帮助我梳理繁杂的细节，突显简单的结构，以便读者更好地理解。所有人当中，她最熟悉这本书。我享受她的陪伴，相信她的判断。

贝丝·内维尔（Beth Neville）及我的助理苏珊·福里斯特（Susan Forrest）和我并肩作战，帮助我整理、完成这本书。她们为这本书所经历的不眠夜比我能想象的还要多。她们对卓越的狂热追求让我惊叹。在我工作的过程中，苏珊·福里斯特一直是我的得力助手。没有她，我可能一事无成。

很多阅读教学研究者来过师范学院，参观过我们的教室，为阅读教学出谋划策。我们特别感谢玛丽·克莱（Marie Clay），她的理念为我们的阅读教学工作打下了坚实的基础。可她是那样的谦虚，在参观我们教室的时候，一直给予善意的肯定。玛丽对我们来说是一位英雄，我们向她致敬。我们还感谢戴维·布思（David Booth）、帕特·坎宁安（Pat Cunningham）、贝弗利·福尔克（Beverly Falk）、杰里·哈斯特（Jerry Harste）、埃琳·基恩（Ellin Keene）、史蒂文·克拉申（Steven Krashen）、托尼·帕罗斯基（Tony Petrosky）、凯茜·肖特（Kathy Short）、弗兰克·史密斯（Frank Smith）、伊丽莎白·萨尔兹比（Elizabeth Sulzby）和桑德拉·怀尔德（Sandra Wilde），谢谢他们加入我们的研究小组，这显著提升了我们的思考水平。伊丽莎白·萨尔兹比还读了原稿的很多章节，我特别感谢她如此真诚地帮助我们。在跟随盖伊·苏·平内尔（Gay Su Pinnell）一年的学习中我们受益良多。国家经济教育中心（National Center on Education in the Economy）的主席兼首席执行官马克·塔克（Marc Tucker）先生，还有学习研究与发展中心（Learning Research and Development Center）主任、匹兹堡大学教授劳伦·雷斯尼克（Lauren Resnick）给予了我很多增长见识的机会，他们把我带进阅读教学和学校改革的各种交流中，这极大地拓展了我的知识面。对于他们提供的这些机会、关心和慷慨援助，我不胜感激。

能够在纽约市的公立学校里开展我的工作是幸运的。为此，我每天感恩。我的工作受益于教学支持部首席执行官资深助理彼得·希尼（Peter Heaney）、教学副主管朱迪思·里佐（Judith Rizzo）、项目开发和宣传首席执行官比尔·卡西（Bill Casey）的英明领导。我有幸跟这些世界顶尖的校长和项目负责人一起工作。我尤其感谢第 3 学区 199 分区校长利兹·菲利普斯（Liz Phillips）、新泽西州特纳夫莱镇斯密斯学校校长埃拉·厄当（Ella Urdang）、第 15 学区总监帕特·罗曼德图（Pat Romandeto）和莱斯利·戈登（Lesley Gordon）、布朗克斯第 10 学区小学创新主管劳拉·科奇（Laura Kotch）、第 26 学区总监克莱尔·麦肯锡（Claire McIntee）和第 2 学区项目协调人芭芭拉·施奈德（Barbara Schneider）。

我还要感谢洛伊丝·布里奇斯（Lois Bridges），她帮我编辑了早期的作品，提供了最初且最有力的支持。还有苏珊·梅格斯（Susan Meigs），她做我的研发编辑（developmental editor）是我的一种荣幸。她逐字逐句地帮我梳理手稿。她对每段的句子都做过补充、修改或重写，当我再读那些段落时，我听到的还是自己的声音，而不是她的。苏珊的帮助不着痕迹，这都要归功于她的智慧和所花费的大量时间。另外，今后如果还会出书，我要在合同里加上一条，要求琳达（Linda）做我的文字编辑，能与她进行亲密合作，我真的很幸运。

金尼·布朗佛（Ginny Blanfor）是艾迪生－韦斯利－朗文出版公司的资深编辑，她对这本书的进程进行了监督指导。我感谢她的耐心带领和有效的计划。奥罗拉·马丁内斯（Aurora Martinez）对这个项目也非常关心。与电子出版服务部的托德·特德斯科（Todd Tedesco）合作是件愉快的事，我感谢他的幽默和辛苦工作。我珍惜蒂姆斯·图克斯博瑞（Tims Tookesberry）的热心和激情。朗文出版公司的整个团队给予了我极大的支持。为了捕捉小读者的最美时刻，我那能干的摄影师彼得·坎宁安（Peter Cunningham）总是在桌子上踮起脚尖或是趴在地板上拍摄……

完成这样一个规模宏大的项目并非易事，正是有了我前面提到的所有人的慷慨相助，这一切才成为可能。多年来，劳丽·罗迪（Laurie Roddy）全身心投入到阅读与写作项目中，我感谢她。我对该项目的负责人劳丽·佩萨和助理贝丝·内维尔的感激之情很难用语言来表达，感谢她们对该项目的护佑和指引。我最要感谢的，是我最亲爱的朋友、最有力的支持者约翰·司考朋（John Skorpen），还有我两个可爱的儿子，他们让我的生命得以安康和幸福。

总　序

当今谈论中小学生的阅读和写作教学，露西·麦考密克·卡尔金斯（Lucy McCormick Calkins）是不可绕过的人物。她是美国哥伦比亚大学师范学院的教授，是阅读与写作项目的开创人，几十年如一日主持工作。她深入纽约市的各大学校，与学校一线教师和管理人员长期合作，基于教室里的日常教学生活不断尝试创新，以此开发了一系列流传甚广、好评如潮的阅读与写作教学资源。《阅读教学的艺术》（*The Art of Teaching Reading*）是她的经典之作。

这本书中文版的出版缘于我和研究生同学也是教育科学出版社教师教育编辑部主任刘灿的一次见面。我们闲谈起国内的语文教育，特别是阅读教学的诸多问题，我顺嘴提起《阅读教学的艺术》关乎学生现在和将来阅读生活的创建，强调阅读教学整个架构的设置，侧重阅读环境的营造和阅读方法的习得，是很多国际学校（包括我所在的3e国际学校）阅读教学的主要参照。他是有心之人，过了一段时间联系我，激动地说教育科学出版社已和国外的出版社协商好，获得了中文的版权，问我是否愿意召集3e的老师参与翻译。

我的回答是不假思索的“当然”。同事祝玉娟、丁义静、刘婷、赵凯也欣然同意。他们当时都在研读《阅读教学的艺术》，并与外国同事协同努力，将其精华运用于中文日常教学。遗憾的是，因为工作或家庭原因，赵凯和刘婷不得不先后退出。令人欣慰的是，同是 3e 老师的韦丽平和马楠加入了进来，她们的翻译给人以惊艳感。我的老朋友也是中央民族大学教育学院的林玲老师也应邀来搭把手，她的翻译流畅而活泼。能有机会将这个极富价值的教学资源推荐给中国读者，启发大家对阅读教学产生新的认识并引发讨论，我们都感到三生有幸。

《阅读教学的艺术》是个大部头作品，原书有 500 多页。为方便国内读者阅读，该书的前期统筹谭文明老师和翻译团队多次沟通，确定将它拆分为四册：《如何创设适宜的阅读环境与课程?》(祝玉娟译)、《如何有效运用阅读教学策略?》(林玲译)、《如何设计阅读教学工作坊?》(丁义静和马楠译)、《如何培养良好的阅读品质?》(韦丽平译)，并将“阅读教学新视野丛书”作为这套书的丛书名。

立项是容易的，过程却不容易。教师的工作是忙碌琐碎的，几位译者（祝玉娟、丁义静和林玲，还有作为全书译校统稿的我）先后经历了怀孕、生子和照料幼儿的生活。翻译是个细致活，需要的是耐力和我们的全心付出。整套书的翻译前后耗时五年多。整个翻译团队并没有轻言放弃，而是更好地规划自己的工作和家庭生活，每天挤时间翻译，一点一滴地攻克。虽有幼儿需要照顾，祝玉娟和丁义静还是很快就完成了她们所负责部分的翻译初稿。韦丽平、马楠和林玲的翻译浅显易懂，保证了翻译的质量，还为原著增色不少。我感恩于所有译者的投入和坚持，感谢谭文明老师的跟进和协调，还有其他几位编辑的后期加工和润色。

不可否认，该翻译项目是庞大的，涉及多人的合作和协调。我的译校和统稿工作也是抓住碎片的时间完成的。我把阅读每位译者的稿件当作一种享受，并尽可能统一贯穿全书的术语，同时也尽量保留了他们翻译的个人风格。读者难免会找出前后不一致的表述，或意识到每本书给人的阅读感受存在差异，各种纰漏定不在少数，欢迎随时指正，我们努力在再版时改进。

教学工作及其情境是纷繁芜杂的。作为教师，我们有可能陷入泥潭，穷于应付各种状况，对教育学生缺乏长远规划，也无心专注研究阅读教学。“阅读教学新视野丛书”不断地告诉我们，即便受诸多因素限制，我们也可以选择不忘教学初心，那就是影响学生将来的阅读生活，以此为出发点改进阅读教学的环境和方法。我们有时可能会感觉焦虑和无助，但捧起这套书会让你平静和放松，回归生活的本质，找回希望，获取灵感。我们会少些抱怨，多些主动，基于不断的研究和尝试，坚定地将阅读教学的改进真实地往前推动。相信团队的力量，点滴汇聚终成大海。

这套书无疑是适合中小学语文教师阅读的，而有关早期阅读教学的理念和做法，值得幼儿园或专注幼小衔接的教师借鉴。阅读教学是科学的、成体系的大工程，改善阅读教学需要所有相关人员的参与和合作——不同学段的一线教师、学校管理人员，不同级别的教研人员及高校的语文教育研究者。这套书同样对英文教育工作者有重要的参照价值，也欢迎你们阅读原著。另一个不可轻视的阅读人群是高校相关专业的师范生和教育专业的研究生。我的观点是这套书应该是他们的专业必读书之一。

显而易见，这套书是针对英文阅读教学而撰写的。移植到中文语境，基于几位译者在教室里的尝试，基本的阅读教学架构和原则是适用的。与此同时，我们的确要着眼于中文的特殊性，创造性地运用其中描述的教学策略和活动。我的愿望是，我们书写自己的阅读教学的艺术，和卡尔金斯教授的版本对话，彰显中英文阅读教学各自的风采。因为该书的引进，我也期望国内读者多接触卡尔金斯教授的其他作品，聆听她的分享，从而更为深刻地理解读写结合的重要性。

在社会高度信息化和国际化的今天，但愿这一天不会来得太晚！

吴海玲

3e 国际学校

2017 年 4 月 8 日

译者序

不会阅读的学生是潜在的学困生。不具备阅读能力，意味着学生自学能力的欠缺，直接影响学生的自主学习效果。但在实践中，阅读教学一直侧重于知识的获取，而不是能力的提高。而且，应试模式下的阅读教学常常让阅读成为一个机械、乏味的过程。这种教学方式很难让学生爱上阅读。也难怪有人喟叹我国学生不爱读书，阅读教学不当正是罪魁祸首之一。

那么，如何通过阅读教学来提升学生的阅读能力？本书作者基于自身的经验，从图书的选择、评估、课程形式以及如何支持阅读困难学生等方面进行了深入讨论。书中的很多观点和策略都令我有振聋发聩之感，相信一线教师也会受益匪浅。简单将本书的特点归纳如下。

第一，实用性强。本书的每一章节都提供了很多切实可用的阅读教学技巧。比如如何给图书分级，又如用于评估学生阅读过程的流水记录、错误分析等。这些技巧都具有很强的可操作性。而且作者在方法的讲解过程中提供了大量的案例，使其更加易于理解和掌握。

第二，专业方法的去神秘化。很多一线教师都感觉自己急需解决问题的专业方法和技巧，可是在学习之后，又会觉得这些方法和技巧看起来确实非常精妙，但难以在自己的教学实践中运用。确实，很多专业方法被神秘化甚至被神圣化，令教师无从着手。但本书有很强的亲民特点，作者不止一次从自身的经历出发，谈论如何使用自己的方式来解决阅读教学中的困难。比如，关于班级分级图书馆的图书分级问题，作者就明确指出："我们相信自己，相信我们的孩子们，远远超过信赖已有的那些分级方式"，认为"如果我们发现图书的分级方式让我们远离了图书，让我们变得沉默，那么这个分级就是有害无益的"。类似的观点和态度在书中比比皆是。

第三，以生为本。与很多指导性手册不同，这本书里到处充满着教师对学生的爱。在阅读教学中，陪伴、倾听虽然不被作者列为正式的方法，但却是作者最常做的。作者很担心："太多的孩子习惯于在阅读中经历挫折，他们甚至都不知道自己错过了什么。"因此，作者特别关注学生在阅读过程中的情感体验，多次强调在指导过程中要通过什么样的语言、动作来维持学生的阅读自信。见微知著，作者的各种操作细节无不体现出了"以生为本"的特点。

第四，教是为了不教。作者把学生的阅读水平分成独立阅读、在指导下阅读和阅读困难三个阶段。阅读教学的目标就是通过对孩子的阅读指导，提升学生的阅读能力，最终让他们能够独立阅读。因为作者认为"教师并不总在学生身边，推动他们一级级往前走"。教正是为了不教，因此，作者的所有教学策略都充分尊重学生的需求和选择，着力于培养学生的独立阅读能力。

此外，书中还有很多观点和做法值得我们深思，比如"讨论是为了生成想法，而不是汇报想法"，又如对阅读困难学生所面临的困难进行了细致分析并提出极具针对性的解决策略等。

译者认为不论是语文教师还是英语教师，都可以从这本书中获益。但有一点令人遗憾的是，这是一位美国教育者从美国学生的阅读经验出发所写的策略手册，主要面对英语类图书的阅读教学。尽管书中有一些教学方法是基于英语的发音与文字之间存在密切联系这一特点展开的，并不适于我国的中文阅读教学和英文阅读教学工作，但我们还是希望各位中国的一线教师也能从这些方法中有所悟。

最后，非常感谢吴海玲老师邀请我加入这个翻译团队，感谢她细致高效的校对工作。正是她的坚持和居中协调，最终促成了此书的面世。感谢我校硕士生申晓欣参与部分章节的初步翻译工作，大大缓解了我的翻译压力，加快了翻译进度。如今，此书付梓在即，激动、感激之情溢于言表，唯愿此书能够发挥其作用，真正令更多的一线教师受益。

林玲

中央民族大学教育学院

2017 年 3 月 22 日

目　录

第三章 支持在意义理解、文字或阅读流畅性方面有困难的阅读者 / 045

第四章 指导性阅读与策略课 / 067

第一章

创建班级分级图书馆

我们在讨论学生独立阅读以及选择书籍的重要性时，不可避免地会遇到这个问题：从哪里选书？很多年来我一直反对任何分级的概念，反对将班级图书进行分级以便阅读。我不希望把班级图书变成我小时候使用的科学研究协会（Science Research Associates，简称SRA）出版的阅读工具书。读绿色标识图书的学生一直处在阅读竞赛的最后，而读紫色标识图书的学生一直趾高气扬地居于他们之上。我讨厌通过建立分级图书馆来助长不公平的教育和相互竞争的想法。

还有其他一些原因促使我反对建立分级图书馆。我认为，阅读文本的难度不是固定、静态的，而应该是随着读者的背景知识、兴趣以及对体裁和主题的熟悉程度而变化的。还有，我坚信生活没有分级，对读者来说，最重要的是学习选择适合他们的读物，并在阅读过程中思考："这本书是否适合我？"

几年前，杰尔姆·哈什特（Jerome Harste）来我们这里参观。在谈论专业探索的重要性时，杰尔姆说："你必须总是假设你的某一核心思想是完全错误的。"那时，我把杰尔姆的建议写了下来，贴在我的布告板上。没想到，在不到一年的时间里，我就意识到：反对分级图书馆的想法是“我的一个核心思想”，而且它是完全错误的。如今，我不得不相信，绝大多数老师在班级里对三分之一的图书进行分级是明智之举。

五月的一天，我旁听了领导力项目（Leadership Project）中六位教师的课，这促使我的思想发生了转变。为了更好地开展我们的阅读教学，我们其实对这些教师中的每一位都进行了学徒制辅导，力图使他们成为合格的阅读指导教师。他们都知道，学生相对轻松地阅读他们能够理解的读物是多么重要。在一间又一间教室里，我惊叹于课堂的良好氛围和价值理念，惊叹于学生不断涌现的具有文化意味的交谈。但当我近距离聆听孩子们各自出声阅读图书的时候，很多孩子读得磕磕巴巴，他们看起来似乎都不能理解文本。我经常观察到孩子们在阅读时将故事的整体感处理得支离破碎。在一间又一间教室里，我对老师说：“那个孩子在选书时出了什么问题？那本书看起来太难了。”而这些聪明、敬业、博学的老师则回答：“如何选择合适的书，我今年已经和那个孩子谈了五十遍了！”那天离开后，我不禁思索：“这里到底谁学得慢？是孩子还是我们自己？”

想象一下：在阅读时间，这些老师与学生的所有互动都是关于选书的，他们怎么还能和学生一起做其他的事情！想象一下：这些孩子把时间都用在了阅读令人产生挫败感的图书上，他们又怎么能得到提高！

怀着强烈的不安，我和我的同事们在几年前开始慢慢地在图书分级领域进行自己的探索。我们的目标是发挥图书分级的优势，并规避其中的风险。我们知道，对图书的分级和对学生的分级只有一线之隔，我们要坚决避免对学生进行分级。我们尤其要避免长期基于阅读能力对学生进行分级，因为已有确凿的证据说明了这种做法的弊端。不管对于“优秀的读者”或是读紫色标识图书的读者，还是对于“差的读者”或者读绿色标识图书的读者而言，基于能力的阅读分级都同样存在问题。我们也尽量避免不恰当地强调阅读的准确性。如果我们仅仅基于阅读的准确性为学生选书，那么我们就会过于强调在阅读中识字，而没有对阅读理解给予足够的重视。我们希望图书适合学生，同时也允许学生在理解图书内容的时候，出现一些优秀读者也会犯的错误。

经过几年来对这项工作的持续改进，我们现在对推动使用分级图书馆帮助读者成长充满了热情。当然，这并不意味着我现在相信分级图书馆必然是有效的。但是我开始相信，和许多其他的组织设计一样，分级图书馆既有利又有弊，就看我们如何使用了。

概况：在教室里如何给图书分级

在大部分教室里，我们粘贴小圆点为图书做标识，从而对三分之一的图书进行分级。有一些书我们没有贴小圆点，是想让学生自己做决定，看看这些书是否适合他们。如果我们已经将茹涅·琼斯（Junie B. Jones）的两本书贴上了小圆点，我们可能特意不给这套书中的另外两本贴上标识。这样有助于学生通过已知的图书级别对其他书做出自己的判断。分级和不分级的图书之间没有实质上的区别，但是对于所有级别的学生都在读的书，我们不倾向于做分级，比如纪实类文学作品《目击》（*Eyewitness*）系列。

一旦我们将图书分好级（我在这一章的后面部分会具体谈到如何分级），我们就会从各个级别中选出几本有代表性的书来作为这一级别的评估用书。这些书不会在教室里传阅，只作为非正式评估的工具。如果教室里有六个分好级的书筐，并且这些书筐中书的难度逐级递增，那么我至少会有两套分别与这六个级别书目相配套的评估用书。我会观察学生阅读这些评估用书，或者更加随意地观察学生独立阅读过程中出现的成功或困难，以此来引导学生选择“刚好合适”的书。

我能想象到一些教师会提出异议。的确，读者会从阅读各式各样的图书中受益，并且有时也有必要经历挫折并坚持阅读。而且，一本书的难度会因具有不同背景知识的读者而异。再者，我自己读过的小说有时也记不起其中的细节，这是不是意味着这些书我读不了、不应该读呢？我理解这些和其他有关反对图书分级的观点，但是我在教室里的体验让我确信：一套引导学生广泛阅读的实用又灵活的体系，可以帮助他们在内心切实感受到阅读应该是怎样的。我认为，太多的孩子习惯了在阅读中经历挫折，他们甚至都不知道自己错过了什么。我对此非常担心，所以想打消上述那些对建立分级图书馆和分级体系以引导学生找到合适级别的图书的疑虑，谨慎地向前探索。

之前我提到，我们可以通过观察学生阅读评估用书或者他们自己选择的图书来确定适合他们的级别。那么如何来判断呢？首要的一点是，我们要留意学生是否投入并做出回应。如果学生看到书中有意思的部分会发笑或者把书带到户外继续阅读，我们就可以很好地推断这本书非常适合他。但我也建议让学生读出声来，听听学生的断句和流畅性。这听起来像语言吗？我可以通过学生的语气语调、相关评论或者有关该书的讨论来断定学生正在理解文本吗？我们也要注意学生读错的地方，以此来粗略地估算学生的阅读准确率能否至少达到 90%。这些数字并不神奇。的确会存在一些情况，即孩子的阅读准确率低于 90%，但是他的阅读体验看起来却很有价值。把“a”当成“the”或者把“in”当成“at”可能不会影响他们对内容的理解，而且有些学生比其他人更能容忍字词上的错误。但无论如何，错误率是个不错的难度指标，只要我们能正确地使用它。玛丽·克莱指出：“如果在二十个词中只有一个读错，说明这个文本比较简单；如果在二十个词中有一到两个是错误的，说明这是一篇值得教学或学习的文本；如果有超过十分之一的错误的话，说明该文本很难。”总之，谨记玛丽·克莱的提醒是明智的，当学生的阅读准确率低于 90% 时，文本的上下文对学生理解文本的支持性就会显著降低。

当我发现一个孩子正在阅读一本看起来“刚好合适”的书时，我常常说：“这本书非常适合你，是吗?”而且我会告诉这位小读者：“在书架的那端，有一筐这种难度级别的书。找一找绿点标识，你就会知道哪些书可能适合你。”如果我们在学年初就强调选择合适的书甚至简单的书，大多数学生会逐步习惯于流利阅读并理解内容，而且很快会知道怎么明智地选书，而不是按照老师的布置阅读图书。在这一过程中，我们需要持续关注这些学生，并且在需要时给予他们专门的指导。但是，如果学生能够对阅读有切身的体验，并敢于挑战更难的文本，这当然也令人兴奋。玛丽·克莱这样说道：“学习过程的核心在于，必须有机会让学生能够运用文本的难度梯度，逐渐增加阅读的难度；这些文本能够帮助他练习并发展已掌握的各种策略，并且通过解决新的问题挑战来拓展现有的技能。”

学年的一开始，当我们特别坚定不移地确定让学生读合适的书的时候，我们就常常强调班级图书馆里的分级书筐。比如，我们在书筐的外边贴上不同颜色的圆片。我们还会按照主题和作者对图书进行分类。例如，在一个书筐里，有一半的书是按照级别贴好标识的，而另一半则没贴，让学生自己来判定这些书属于哪个级别。

开学的时候，我们就讨论了选择阅读那些能引起读者强烈的阅读兴趣的书的意义。于是我们很坚决地引导幼儿园、一年级和二年级的孩子挑选阅读的书，但却很少花时间和他们讨论如何选择合适的书，这是因为我们得小心，不能和这个阶段的孩子谈及太多元认知方面的内容。不过，我们和所有的读者都谈到了选择对他们而言有意义的书的重要性。我们通过角色扮演让孩子们了解书太难阅读时的感受，希望以此告诉他们：每隔五六个单词就被打断阅读并不是一种愉快的体验。在引导孩子们选择适合他们阅读的书时，选择什么样的语言来表达就显得至关重要。

我们尽量不这样表达	我们倾向于这样表达
别读这本书，它对你来说太难了。	找到那些让你读起来感觉自己阅读能力强的书。
你不能读这本书，它太难了。	把那本书暂时先放在一边。到了一月，你也许就能读了。现在，如果你选择带绿点标识的书，你的阅读能力会发展得更好。
这本书超出你的水平了吗？那就把它放下。你得选择在你阅读水平以内的书。	这本书让你觉得有点儿困惑吗？那就暂时把它放在一边。你想要读的是那些让你更能读得通的书。
你是绿色水平的读者（或你在绿色组里）。你不能读带蓝点标识的书。	现在，你何不读读那些带绿点标识的书呢？我想它们能让你感觉自己的阅读能力很强（或者你可以流畅地阅读这些书）。
你和鲍勃都在二级阅读小组中，所以你们可以成为很好的阅读伙伴。	你和鲍勃喜欢读同一类型的书，所以你们可以成为很好的阅读伙伴。

需要明确的一点是，我们不是要创建分等级的阅读小组。学生不会被称为“绿色水平的读者”，所有读带绿点标识书籍的读者也很少被召集起来。我们从未想过那些阅读带绿点标识书籍的孩子在某一天会一起进入下一个阅读级别，也没有想过设置让每个读绿点标识书籍的孩子都要完成的要求。比如，我们绝不会说：“你必须读二十本带绿点标识的书，然后你才能开始读带蓝点标识的书。”我们也绝不会通过明示或暗示，告诉孩子必须通过测试才能读一些更有难度的书。

有些孩子想要追随他们的朋友或根据兴趣阅读更高级别的图书。这样做对不对？对此，我觉得很难一概而论。不过，有一点肯定不好，即孩子们往往因为想获得社会的认可，而不去读那些他们相对容易理解的书。对此，唯一的解决方案是改变班级的氛围和观念。大家可以一起寻找和讨论“速读图书”（quick reads），进而在班里引进一些特别容易理解的新书，使那些能力最强、经验最丰富的学生也想选择它们阅读。此外，让学生大声读出我们希望他们阅读的图书并进行有益的讨论，而不是强调这些书更为简单这一事实，也对改变班级氛围与观念很有帮助。通过这些方式，我们就可能成功引导学生阅读更容易的书。如果不能成功地吸引学生选择这些书，我会直言不讳地告诉他现在需要阅读某个特定水平的书，这样他才能有所进步。我们不鼓励任何孩子不懂装懂的行为。事实上，在帮助孩子放弃读不懂的书而选择更适合他的书后，我们一贯的做法是：毫不隐瞒地将他这种聪明、勇敢的行为告诉班上的其他同学。

设计、调整分级体系

当前这种对图书分级的讨论经历了一段漫长的历史，这段历史可以分成几个不同的阶段。美国人长期以来一直试图对造成文本难度的各种因素进行量化处理。在历史上，这些确定文本难度水平的尝试都被归类到“可读性（readability）研究”中。根据已提出的各种可读性规则，人们创作了很多基础性读物，充分考虑诸如词汇的难度、词汇出现的频率、单词的长度和句子的长度等有限的一些因素。从那以后，像我童年阅读过的“迪克和简”（Dick and Jane）系列图书，还有许多词汇量被严格控制的书，都是按照儿童早期可读性水平的特征撰写的。这类作品的文本都非常奇怪——“过来，迪克！过来，简！过来，过来，快过来！”这样做固然符合了句式要求——使用不断重复的短句和常见的单音节词汇，却没有考虑语言是否有意义、有趣，听起来是否像常用的语言。许多研究者发现，学生更容易阅读和理解文学性强的故事书，而不是这类词汇量被严格控制的文本，相对于后者，他们在阅读和理解文学性强的故事书方面更容易获得成功。

1984 年，玛丽·克莱和芭芭拉·沃森从新西兰来到俄亥俄州。他们彻底颠覆了人们对阅读的理解，让我们重新思考了哪些因素决定了文本的难度和级别。当时，新西兰将“做好阅读的准备”（*Ready to Read*）系列书作为教室的基本读物。新西兰的教师们对“做好阅读的准备”系列书是如此地熟知，以致于他们对“做好阅读的准备”这套书可能给读者带来的挑战，以及那些可以说明读者足以接受进一步挑战的指标都形成了近乎直觉的、默会的认识。因此，玛丽·克莱和阅读恢复（Reading Recovery）[①] 教师在一开始时也以类似的方式来考虑为美国的图书分级。

芭芭拉·彼得森率先开始检测真正的读者在真实的教室环境中实际体验的文本复杂性程度。这个研究具有很强的开创性，因为它不仅关注文本，还关注读者和阅读不同级别的文本时所呈现的学习状况。自此，盖伊·苏·平内尔和艾琳·方塔斯（Irene Fountas）对书进行了更为广泛的分类，以便指导性阅读（Guided Reading）的开展。现在许多班级图书馆引进这些类别的图书并对其进行了整合。

在芭芭拉·彼得森最初开始研究时，我们现在所谓的"小书"（little books）还非常少见，但伴随她研究的开展，这种"小书"迅速普及开来。要知道，虽然"小书"的框架结构通常已被预先规范好，但作者还是能在内容上体现新意。"小书"的作者倾向于记住一点，即初学者会借助文字中的高频词来支撑自己继续阅读下去。"当我们了解到读者需要借助一系列的资源来支撑自己的阅读，理解作者所提供的信息时，我们就要提供这些资源"。彼得森发现，可读性规则重视词汇包含的字母、音节数，还有句子中的单词数，却忽略了插图和文本的搭配、语言规律与故事情节的可预知性等因素对阅读质量的影响。现在，当阅读恢复教师按照我们确定的分级方法开展工作时，就不必再固守这些规则。如果多数阅读恢复教师觉得一本书应该提高或降低级别，那他们就可以按自己的想法去操作。分级是大概的，划分书难度级别的决定权最终还是掌控在教师手中。

① 阅读恢复是一种早期干预计划，用以帮助学生减少阅读上的失败。通常针对入学一年后还存在阅读困难的学生。——译者注

探索自己的方式

我觉得自己需要一个引路者，才能在图书分级这个领域内游刃有余。我的丈夫约翰喜欢划船，他经常到世界各地去寻找湍急的河流。当约翰来到一些特别偏僻的地方，他总要请一位导游，提示他哪里有瀑布或漩涡。林恩·霍尔库姆是我们地区最早的阅读恢复教师之一，后来她也帮助乐学和莱特集团（Scholastic and the Wright Group）做图书分级，她现在是哥伦比亚大学师范学院阅读与写作项目的成员。她就是我在图书分级领域的向导。她首先做的事，就是对已公布的书籍分级和难度级别进行解读，使我们不再觉得它们很神秘，帮助我们进一步认识到这是一个人为的、易出错的系统。

现在，我更清晰地意识到，多数已公布的分级系统有多么不靠谱。参与我们项目的不少教师都在出版社兼职做图书的分级工作。这些教师并不熟悉某一特别的、科学的分级规则。他们只是一群优秀的教师，用一个星期六接受培训，然后就定期给上百本书籍进行分类。确定一本书的等级是一项烦琐的工作。每一个读者都是独一无二的，这让分级工作变得非常棘手。每个读者都可能因为个人的特殊原因而觉得某些特别的文本在他们看来其实很简单，某些则非常难懂。在城市出生、长大的孩子可能很难理解“地窖”这样简单的词汇，而生活在农场的孩子可能对书中与地铁相关的文本片段感到困惑。导致阅读困难的原因成千上万、盘根错节，非人力所能控制，它远不是某一个大概的系统所能涵盖的。

我并不是要降低图书分级法的地位，事实上我已经发现它是特别有用的一种方式，关键在于我们教师并不认可现有的图书分级方式，好似它们是由上级权威所决定的。分级只是对图书难度、梯度的大概区分。我们必须认识到，一本书如果看起来不适合于某一级分类，那么我们就可以把它挪到另一级分类。在参与我们项目的学校里，孩子们和教师们经常质疑为什么某一本书被放在这一级别，而不是放在另一个级别。重要的是，我们相信自己，相信我们的孩子们，远远超过信赖已有的那些分级方式。同样，对书本进行分级的挑战也会吸引我们阅读更多（而不是更少）的儿童读物，并就它们与同事及孩子们展开更多的（而不是更少的）讨论。如果我们发现图书的分级方式让我们远离了图书，让我们变得沉默，那么这个分级就是有害无益的。

在我们对幼儿园大班到二年级的班级图书进行分级时，前人的工作为我们夯实了基础。和别人一样，我和同事们试图整合已公布的图书分级清单。对于阅读恢复水平、指导性阅读水平以及发展性阅读测试（The Developmental Reading Assessment，DRA）水平这三者之间的关系，许多出版物和发行商用图示进行了说明。虽然阅读恢复系统用数字进行分级，而另外两个系统用字母进行分级，但我们依然可以轻松地对三个不同的系统进行对照。不过困难的是，如何把下面两套分类方式联系起来：第一套是根据可读性规则或蓝思（Lexile）规则所建立的分级体系，其主要依据对每个词汇的音节或每个句子的单词进行公式化的计算；第二套是指导性阅读或阅读恢复中确立的分级体系，它建立在对书本为读者所提供的信息来源的研究基础之上。要让这两套不同的分类方式建立联系几乎是不可能完成的任务。

有时，教师们会认为，既然已公布的分级清单把书分成了一定的类别，我们就该把所有的这些分级都带到课堂上。但这并不现实。例如，阅读恢复的等级是为那些阅读发展迟滞的读者设计的。为此，阅读恢复的等级间的差距非常小。图书被分成这么多的等级，每一级都代表着阅读能力前进了一小步，这样才不会给阅读恢复中的孩子们带来风险。他们并不会在任何一级上徘徊太久，因为指导老师会密切关注他们的进度，随时准备让他们进入下一级。然而，我所描述的分级图书馆更为支持独立阅读，教师并不总在学生身边，推动他们一级级往前走。如果等级分得跨度很大，那么学生就不得不在等待迎接下一级的挑战前，在前一个等级上停留过久，他们可能会失去兴趣，变得意兴阑珊。而且学生也没有那么多不同等级程度的书来满足他们的阅读要求。虽然指导性阅读的等级不如阅读恢复分得那么细，但也是为特定的功能而设计的。这些书会出现在指导性阅读时段，是由教师精心为学生挑选出来的。而教师能做到这一点，是因为他们特别重视为学生提供适当的图书，以此促进学生阅读能力的发展。

与阅读恢复或指导性阅读的分级不同，我们设计班级图书馆时，必须认识到应该让孩子们在没有我们的陪伴下也能自主选择书。我们应该赋予学生空间，让他们可以在难易略有不同的图书中自由选择。因此，班级图书馆中的分级间距不宜过大，在同一个书筐中可以放上两本指导性阅读级别非常接近的书，这会帮助孩子们阅读。我们一般会在同一书筐中难度偏高的书上标识加号，学生据此判断要不要选择它们。

在那些参与我们项目的课堂中，我们采用了分组的方式，每个新手或初级阅读小组中包括几个指导性阅读的等级，甚至那些不相连的阅读恢复等级。哥伦比亚大学师范学院阅读与写作项目的成员在林恩·霍尔库姆所领导的智囊团（think tank）中已经分好了组。我们在每个小组中列出了几本评估工具书，它们并不出现在班级图书馆中。小组中还有一些被称为基准书（benchmark books）的图书，它们都是一些知名的读物，可以作为分级参考的捷径。例如，美国的许多阅读恢复教师都把《帕特的新狗狗》（*Pat's New Puppy*）作为他们第七级（相当于我们的第三组）的代表作。因为这本书具有一定的挑战性，可以作为一种测试工具，用来考查学生是否准备好阅读同等难度的书。如果一个孩子能轻松阅读《帕特的新狗狗》，就说明他已经可以挑战阅读恢复第七级的所有图书。我们为每一组都选择了代表作。

还有成千上万的图书尚未被出版商分级。这也是一件好事，它意味着学校教师需要自行决定如何分级。在殖民统治时期的美洲，人们习惯于聚在一起建谷仓、缝被子。那些参与我们项目的学校，我们为了分级而聚在一起。不知怎么的，面对一个共同的目标，我们的行为变得更好管理。我们把形形色色的人——高中学生、家长、协助人员等扭成一股绳，共同对图书进行分级。

在最开始为新手或初级阅读者进行图书分类时，各种各样的参考资料摆在了我们的案头。我们抓过来一本书，然后参考阅读恢复分级清单、出版社的分级方法、《指导性阅读》(*Guided Reading*)中的分级和《为读者选择合适的书》(*Matching Books to Readers*)中关于图书分级的介绍，再把它放到对应的书筐中。稍后，我们暂停、重新检阅这些书筐，决定把哪些书放在一起，用以建立班级图书馆。这时，我们一般在一个书筐中放六本书。这种工作方法让我们可以更好地了解某个特定级别的书，这样我们就可以考虑之前没有被分级的图书了。我们很少百分百确定某本书的级别，但首要的原则是：如果我们不能确定这本书是哪个级别，我们就把这本书放在更高一级中(这意味着这本书在这一级中只会偏易而不会太难)。

通常，我们会很快注意到班级图书馆距我们的要求还有很长的距离。最近，我和近郊的一些一年级教师一起工作。他们在对图书进行分级的过程中发现，一年级教室中所配的书都太难了，几乎没有二十级以下的图书(第二十级通常被认为相当于二年级早期的阅读水平)。难怪他们的学生在独立阅读工作坊里遇到各种困难。美国中西部某城市一个大的学区的阅读指导干事最近告诉我，她刚到这个学区时接手的低幼儿童基础读物中，只有两本故事书不超过第十五级。如果把图书的难度比作一个梯子，那么这个学区的做法就是锯掉了起步的第一级梯子，也难怪一些学生觉得自己的阅读很难进步。

一旦我们完成对图书的试验性分级，工作就正式开始了。现在，我们一边把书介绍给孩子，一边调整图书的分级类别，让它们更符合孩子们的需要。此外，这些分类还会为教学工作提供参考信息。

分级如何影响教学

在为图书分级并指导学生阅读的过程中，我们不断思考特定级别图书的特征，选择恰当的描述方式，并推测学生在这些等级上可能呈现的阅读状态。因篇幅所限，本书无法逐一描述所有组别图书的特征，而仅以第一组的图书和读者为例进行说明。第一组图书（大体对应阅读恢复第一、二级和指导性阅读 A、B 级）的特征可以描述如下。

◎ 字大而清晰（包括说明文字部分）。第一组的书通常为白底黑字。

◎ 字词之间的间距要格外大。我们发现有些出版社放大了文字，但没有相应地调整字词间距。如果增大字体的字号却不同时放宽字词间距，就会给那些还在学习如何区分一个个单词的读者造成困难。第一组读者凭借词间距来判断一个单词的结束和开始，他们在阅读单词的同时也在观察间距。第一组读者在阅读过程中会逐渐从视单词为白纸上无意义的黑点过渡到关注单词的特征。

◎ 一页纸上通常只有一个简单的单词、短语或句子，而且文本呈现一定的规律，具有可预测性。在《我会读》（*I Can Read*）这本书中，一旦孩子知道了书名（最理想的是读给第一组的读者听），他就不难读出“我会读报纸”“我会读燕麦盒（上的文字）”。例如，第一组的读者被认为处于学前阅读阶段（preconventional reader），因为孩子在阅读“我会读报纸”这个句子时，主要依靠插图（帮助理解意思）和语音（或句法）这些线索进行阅读，而不是依靠字形和字音（字母/单词）进行阅读。“报纸”（newspaper）一词中字母或音节的数量并不能决定《我会读》这本书的难度系数。这是因为第一组读者还没有掌握阅读“报纸”（newspaper）这类单词的技巧，他们反而是用图片线索和整个句子的意义来形成自己的假设。

我们常常发现，看似属于第一组的一些书，其文字并不用常见的语言结构。这种现象在第一组的图书中尤其常见，像这类的书，作者在创作时就被要求按照特定的程式来展开文本叙述。有时，作者试图规律性地呈现高频词，这样会失去正常的语感。例如，我们最近看到的一本书中就有一个重复出现的句子：“来，来这儿。来，来这儿。”（Come, come here. Come, come here.）孩子们在来上学之前，其实就已经对语言习惯有一些强烈的感觉了，而他们在阅读第一组图书时依赖的恰恰是这种熟悉程度。而“来，来这儿”之类的句子并不符合孩子们的语言习惯。因此，鉴于该语言结构很少见，我们在班级图书馆中去掉了这本书。

◎ 每一页都有2—3个主要的单词（常见词），一般它们会先出现，让读者可以快速走进文本。第一组书的命名特征可能很明显，每一页都包含了一个插图里的词（如“妈妈”“爸爸”“姐姐”“猫”等），但通常儿童阅读起来并不困难，比如“我看见我的妈妈。我看见我的爸爸。我看见我的姐姐。我看见我的猫……”因为那些重复出现的常见词可以帮助儿童更为轻松地阅读新的一页上的内容。

◎ 插图非常有助于孩子对单词的理解。没人指望第一组的读者会破解“报纸”（newspaper）这个词。然而，我们希望这个等级的孩子可以看着插图和文字，然后“读”出“我会读报纸”这句话。我们在给图书分级时，有时我们认为插图具有很强的支持作用，因为我们读文字时，图片和文字在我们看来是相配的。但是，插图本身并不总能帮助孩子读出文字。例如，在《盒子上的狐狸》（*The Fox on the Box*）（实际上这是第二组末期看的书）中，有一页写道：“狐狸在盒子上玩。”相应的图片上画了一只狐狸站在盒子上。如果一个孩子认得文字，他就很容易看着图片确认：是的，这张图确实画了一只狐狸在盒子上玩。但如果这个孩子第一步就不认得“玩”这个字，这张图的哪个部分能告诉他这个陌生的字是“玩”呢？

一旦我们描述、研究了某个特定等级的图书，思考在该等级上儿童可能进行的阅读工作就是非常有用的。例如，第一组的孩子可能需要我们为他指出已知的字词（“我”“这”或“那”），再以这些字词为支撑，帮他把所念的句子与相应的字母逐一对应起来。在念“我会读报纸”（I can read the newspaper）这个句子时，孩子可以指着页面上的第一个字母念“我”（I）（如果这是他的已知单词），然后移向下一个单词“会”（can）。如果这又是一个已知单词，孩子就会读出：“我会……”（I can...）虽然他从来没有见过“读”这个单词，但是他已经知道这本书的书名，只要顺着已知单词在页面上继续往前阅读，他就会把“读”这个单词和口语中的“读”联系在一起。很幸运，下一个单词“the”孩子也熟悉，他就知道他读的是对的，没有脱离正确的轨道。他可以通过图片来猜测最后一个单词“报纸”（newspaper）。句首那些已知单词让他一开始就能将口语和文字对应起来，所以他可以正确地指出“报纸”的字母。因为第一组的读者还不能一一地进行指读，所以虽然有时孩子的手指都已经画到句末，嘴上还在念“读”这个单词。孩子的典型表现是，嘴里明明还在念单词，手指却在句末徘徊。这时，我们就会问他：“所有单词都读完了吗?”“从头开始试试。”这回孩子可能指对了。我们会继续问：“对应上了吗?”“结果是正好的吗？再试一次好吗?”我们不仅在孩子们指错时问这些问题，在他们指对的时候也问。

一旦可以一一对应地读出单音节词汇的字母，第一组的读者就可以进入第二组了。我坚信，第一组的读者不必等到能完全正确地读对单词才能进入第二组，只要孩子们掌握了必要的概念，他们就可以阅读那些图画等支持性材料较少的书了。最近，林恩·霍尔库姆和我听了一位学生读第一组的一本书《我画》(*I paint*)。其中一页画了一个小孩在一条蛇身上画了条纹。文字写着：“我画了条纹。”(I paint stripes.)而学生指着句子念道：“我画了蛇。”(I paint snakes.)虽然这个孩子用“蛇”(snakes)这个单词代替了“条纹”(stripes)，但他已经向我们证明了他具有了进入第二组所必备的能力。第二组的图书更具挑战性，更适合他逐字逐句检验书上的文字和他所猜想的是否一致。这个孩子向我们展示了指读的能力，他能生成具有意义的词语，能把图片和文字对应起来。而且，他生成的文本听起来句法完全正确，甚至可能已经用第一个辅音字母(s)验证了他这个聪明的设想——“蛇”(snakes)。如果我们想知道这个读者是否准备好迎接下一级的挑战，我认为答案是肯定的。

以上有关第一组读者的描述只是真实地说明了这样的读者是如何处理文本的，并没有谈及其他一些问题，包括孩子们作为读者的态度、阅读的自我认知、回应文本的思考或讨论能力、与书本相关的生活习惯等。这些都是读者成长的重要方面。但是，读者处理文字的能力非常重要，教师可以借此判断读者的阅读水平，从而为他们准备相应难度的图书。

小学高年级的图书分级

小学高年级教师的图书分级工作特别具有挑战性，部分原因是为高年级学生出版的图书并没有一个像阅读恢复等级（或由此衍生的清单）一样具有高信度的分级清单。虽然现在已经有一些出版社为小学高年级学生制定了图书分级清单，并且以后也还会有，但必须注意的是，这些分级并不像阅读恢复等级及其他由此发展起来的分级系统一样经过了实践检验。还必须记住的重要一点是，大部分章节图书可被归置的阅读等级比较广。在评估图书的难易程度时，教师所考虑的，到底是学生通过通读文本而做出一般性评论的难度，还是学生在抓住文本的重要意义并辨析其细节的难度？麦克拉克伦（MacLachlan）的中篇小说《宝贝》（*Baby*）可能会与达尔（Dahl）的《玛蒂尔达》（*Matilda*）被归到同一难度级别内，但由于《宝贝》一书更值得深入探索，所以我坚持认为，它对于许多阅读熟练的中学生来说也具有相当大的挑战性。

在阿兰·莱文斯坦（Alan Levenstein）的资助下，哥伦比亚大学师范学院阅读与写作项目组已经设立了儿童图书项目（Books for Children Project）。本着为纽约市儿童提供理想的班级图书馆的理念，每周由我们五十位导师组成的项目团队正努力解决各种挑战。这个项目的一项工作是，在凯瑟琳·托兰（Kathleen Tolan）和安妮·鲍尔斯

(Anne Powers)的带领下，一组老师为我们的小学高年级图书制定难度等级，并在项目中实际运用这种分级。虽然这仍是一个试验性的分级，但对我们非常有用，特别能帮助我们确定章节图书的难度分级特征。了解了这一点，我们才能预测某些图书会成为读者的负担，才能调整教学以便既能适应儿童的特点又能适应这些书的特点。以下是一些确定这类图书难度分级的特征。

◎ 每章节都有独立情节的图书要比通过一系列章节慢慢展开故事情节的图书更加容易阅读。

◎ 由大量对话组成的图书要比由很多叙述组成的图书更加容易阅读。尤其在对话是独立成段而不是嵌入段落中时，这一点更加明显。经验不足的读者有时会陷入描述性细节中。

◎ 在大多数可读性强的章节图书中，每行停顿的地方都意味着这个句子是分句，而且所有的句子都在页面的末尾结束。行与行之间是双倍的间距。

◎ 如果读物开始包含复合句，它的难度就会增加。

◎ 越需要背景知识的图书读起来越困难。读者需要了解相关的背景知识，诸如恐龙、博物馆或足球等方面的知识。

◎ 如果一本故事书只用 1—2 个人物就能推动故事的发展，那么它就比那些有多个核心人物的故事更好读。

◎ 如果图书的人物特征是静态的、扁平的、始终如一的，那它就会比那些人物特征复杂的、动态的图书难度要低。

◎ 一本书越使用文学性的语言、书面化的表达和幽默的手法，难度就越高。

之前我写道，在浩瀚书海的分级中我需要一个引路者，不过，我并不是唯一一个需要引路者的人。孩子们有着同样的需要。当然，最好的引路者应该是一位知识渊博的老师，他会坐在孩子的身边，聆听孩子的兴趣，欣赏孩子的品位，了解孩子的特点，并据此指导孩子在恰当的时候阅读恰当的图书。但是，我们无法陪伴在每个孩子的发展关键点上，并给予其充分的指导。因此，孩子们需要的是在一些指导下一步步摸索出自己的道路，就像路线图让徒步者在旅途中能预判前路的困难，像滑雪时雪山地图上的黑钻石预警了雪坡和冰块，分级系统能够帮助年幼的读者找到通往那些他们有信心也有能力阅读的图书的道路，就像在说：“嘿，要小心，这本书有点难！”从而让我们准备好面对这些可预估的难度水平。

第二章

将阅读评估带入班级教学

评估是需要老师们费脑子的工作。评估是我们向学生学习并且教导他们的依据。评估是老师找到教学方向和航线的指南针[①]。评估也是需要学生费脑子的工作。学生会意识到好好学习的意义，体验到进步、目标和下一步学习的感受。清晰的目标、诚实而经常性的评估，包括自我评估，可以让学生成为自己学习生活的管理者和主导者。

在本章的开始，我想对学生说："放下这本书，先读一下玛丽·克莱的《早期读写水平的观察性调查》（*An Observation Survey of Early Literacy Achievement*）、彼得·约翰斯顿（Peter Johnston）的《认识读写》（*Knowing Literary*）以及桑德拉·怀尔德（Sandra Wilde）的《让错误分析变得容易：提升学生的优势》（*Miscue Analysis Made Easy: Building on Student Strengths*）。阅读康妮·韦弗（Connie Weaver）《阅读过程和行为》（*Reading Process and Practice*）第六章和古德曼（Goodman）《论阅

---

① 在这一章里，我谈论的是持续性的班级评估，而不是为了标准化阅读测试做准备的评估。有关后一话题，我在《教师标准化阅读测试指南：知识即权力》（*A Teacher's Guide to Standardized Reading Tests*：*Knowledge Is Power*）中有详细论述。

读》(*On Reading*)第五章，然后和你的同事一起观察周围的阅读者，让这些研究者站在你的肩膀上，提醒你自己‘看!’‘为什么?’‘我好奇’和‘会不会是……’。”

为了成为强有力的评估者，一些师范生和在职教师放弃了本来的公休假期，和我一起研习。他们发现，他们在做其他各式各样事情的同时也在学习评估阅读者的工具和模式。一位老师曾经这样解释道：“你曾经在开车走山路时换过轮胎吗？班级教学过程中评价阅读者就和这差不多。”所以，这章不会介绍常规的评估方式。我之前提到的书已经对其做了很好的梳理。我希望为那些在真实的班级教学中发现难以应用评估的教师提供一些指引。

在一些教室里，我发现教师如果试图开展规定的评估，教学会因此暂停一个月到两个月。因为在一开学就评估好学生是很重要但也非常难的，我强烈要求学校支持在开学前让所有的教师和学生用两天的时间进行一对一的见面。我还认为，学校有必要考虑开发一种有梯度的评估目标，让教师判断哪些评估是关键的，因为第一年任教的教师在城市的大班额教室授课时可能需要关于这方面的帮助。作为教师，我们有时会收集无数的数据，却发现我们既得不到支持，也没有时间使用那些数据指导教学。因此，我建议先从简单便捷的评估体系开始，然后逐渐提高难度，确保评估会影响教学和学习。所以，我一直问自己：“阅读评估的底线是什么？哪些评估是必需的、每位教师都应该掌握的？”在我看来，每一位教师必须开发自己的评估方式来达成如下这些目标。

◎ 我们需要一种有效的手段，快速、大致地让阅读者找到合适的图书，以便开学第一周全班同学就可以投入、有效地阅读，我们也可以更为准确地评估单个学生。

◎ 我们需要了解和支持孩子的阅读习惯、价值观以及与阅读相关的自我认知。

◎ 我们需要理解每位阅读者使用的策略和信息资源。我们针对每个孩子的阅读优势和需求来设计教学。

◎ 我们需要尽早留意哪些学生跟不上阅读（并据此理解、指导这些孩子，追踪他们的成长）。

◎ 为了达成清晰、公开的目标，我们需要对自己的教学负责（并且接受必要的反馈）。

◎ 如果我们能做到上述所有内容，我们就会形成一个班级评估体系，迫使我们去制订多层次的教学计划。

即便这些最低的目标也是让人振奋的。一旦我们体验到了把评估和教学联系起来所产生的效率和能量，我们就走向了终身学习的道路。

快速地为学生选择大致可读的书

在我们开始对学生评估之前，他们需要投入到有效的阅读学习中。评估的前提条件是找到一个快速、省力的系统来引导学生阅读那些他们可以理解的图书。正如我在前面所讨论的，如果在一开学就进行评估，哪怕根据我们的分级体系只对班级图书馆中 30% 的图书进行分级，我们就可以告诉学生："现在，看起来你在读带绿点标识的图书，你的阅读水平提高了。"为孩子选择合适的书，可以让我们确保学生每天都会花大量的时间阅读容易理解的书。仅仅这一点，就对他们的成长产生了巨大的帮助。

我提议在学校开学的第一周内，就进行让学生找到合适的书的工作，哪怕我们只能做到大体上的合适。这么做时我们要清楚，我们之后要进行更深入的评估，这将教会我们如何辅导每位学生。有关学生作为阅读者的大致信息，我们会及时应用。如果我们知道贝弗利·克利里（Beverly Cleary）的书对班上大部分学生都是合适的，这个认知将影响我们决定如何讨论和推荐某些书，如何突出我们在图书馆书架上放置的书，以及如何支持学生对作者进行相关的研究。同样，对每个学生刚好合适的图书的了解，也会帮助我们去搭配合适的阅读伙伴和建立指导性阅读小组。这也意味着，从学年之初，我们就要对一些需要特别帮助的学生有一些了解。

不是只有一种方法来让学生找到合适的书。我们可以简单地要求学生选择一些对于他们来说更容易理解的书，然后通过一些迹象观察他们是否投入，随后让学生朗读并讨论一些段落。如果图书已被分好级，我们可以快速了解儿童阅读某一特定级别图书的能力。除此之外，我们还可以使用某一发布了的测试或者自己开发的评估用书，让阅读者找到合适的书。但如果这样做的话，我们需要确保这些图书与我们班级图书馆分级的关联，这样我们就能迅速应用所了解的信息来指导教学。

过去我不建议使用一套预先选好的评估文本来评估阅读者，因为我知道为评估设定人为的环境显得很刻意，我相信，只有在阅读者出于真实目的、自行选择读物时进行评估才是有意义的。但近年来，我越来越相信，观察几个孩子处理同一文本的方式（只要文本大致符合他们的阅读层次）非常有用。当一些孩子分别朗读《小汤的生日》

（*Little Soup's Birthday*）一书的某一页时，我们很快注意到，仅有几个孩子会用变调表达小汤妈妈必须叫三次，他才会回应的情节。也只有几个孩子发现这不是小汤的生日，而是他朋友的生日。

一旦学生有能力默读，我们一般建议他独自默读评估用书的前几页，这样他给我们朗读后面的内容时就能够适应这本书。一本书的开头总是特别富有挑战的，阅读者深入阅读时的所作所为也更具启示性。我们可以复印该书的第三页用来记录学生的阅读状况。在单个学生阅读的同时，我们可以在复印件上做标识，体现他的阅读行为。虽然研究每个阅读者的阅读策略和线索很重要，但我首先期望的，是在学年的前两周，每位教师都能确保每个学生能够进行理解性的阅读。

人们对教师为学生选书的标准持有不同的观点。各式各样的阅读评估让我们一致认为，学生有独立阅读、在指导下阅读和阅读困难三种阅读水平。多项标准表明，学生在独立阅读水平上必须能够准确阅读书中 95% 的单词，而在指导下阅读的水平则必须达到准确破译书中 90% 到 94% 的内容。这些数字都没有考虑错误在质和量上的差异。通常来说，我建议我们应该观察学生是否能准确读出文中 90% 的单词，是否能够说出文本的细节。

理解和支持学生的阅读习惯、价值观、自我认知

在学年的前几天，我们逐渐走近孩子并帮助他们建立作为阅读者的认知，这期间重要的是我们在脑海中不只是问“作为阅读者，你能适应我的图书梯度的哪一级？”而应该是即使我们不说，孩子也能敏锐地读出来。如果和每一个孩子的每次对话都是在衡量孩子处于分级

图书馆中的哪一级，我们的教学结果会与我们的意图完全相悖，而变成是衡量并判断他们的阅读能力，我们有关阅读的对话都变成了给孩子们画线，区分出他们是优秀的阅读者还是糟糕的阅读者。

关键是从一开始我们就要带着其他问题看孩子。我们需要问“是什么样的诱惑吸引这些特别的孩子去阅读?”和“我的孩子们在阅读时有什么特征值得注意和称赞?”。这个孩子是不是喜欢纪实性的书籍，那个孩子是不是朗诵给她的兄弟听过，要给书包个封皮孩子才能阅读吗？学生应该立即并且总是能感受到我们对他们作为阅读者的全部的兴趣。如果我们注意到要使用某些孩子的阅读方式来引导其他的学生进行阅读，那么他们每个人都将受益无穷。

我们在评估孩子时还要问自己一些重要的问题，因为这些问题提醒我们教孩子阅读不是简单地让他们通读文字，而是建构文学生活。如果我们想确保我们在教学中采用不同的方式传递“阅读不仅仅是面对一页纸上的黑色符号的小事，它也是一生的一件大事”这样的理念，那么我们要确保我们评估的是孩子文学生活中的关键方面。

如果达里娅·里格尼（Daria Rigney）只是坐在亚当旁边并记录下亚当在读马特·克里斯托弗（Matt Christopher）的书时出现的错误，那么她会认为这本书对亚当来说太简单了。“我想我需要知道他为什么读这个作者的作品，”达里娅说，“所以我对他进行了访谈。”

亚当告诉他的老师：“我喜欢马特·克里斯托弗。我已经把他的书读了六十遍了，一有新书出版，我马上就知道了并在当天就找到它。”亚当接着说：“去年，我觉得需要跟马特·克里斯托弗交流一下，但我不想像以前那样写给他的出版商，他们只会寄给我一封官方信函，让我加入他的粉丝俱乐部，所以我决定找到他的住处。”为了实现这个目标，亚当又重读了他的许多书，留意里面的环境和其他一些线索。亚当解释说："根据他书中呈现的地理环境，我猜出了他的居住地点，然后找到了那个地方的区号，并上网搜索……现在，我们总是通电话。"如果没有这个采访，达里娅很可能要求亚当去读更难的书，而不是支持他继续参加这个他已经在进行的不可思议的阅读项目。

在年初的时候，我们能做的最有力的事情之一，就是在孩子中就他们的阅读展开对话。在一对一交流或大班对话中，我们可以询问他们一些阅读习惯。明智的做法是，事先只设计一两个问题，然后通过评论来推动孩子们的回答，"你能给我举个例子吗？"或"请帮我理解，接下来会怎样呢？"。下面这些提问可以有效地展开对话。

◎ 作为阅读者，我（们）需要了解关于你的哪些信息呢？

◎ 你会和谁分享你的阅读？

◎ 阅读什么时候真正影响了你的生活？和我（们）分享一下。什么时候阅读没有给你的生活带来好的影响？

◎ 你在家阅读时会做些什么呢？

◎ 你能简单告诉我（们）你一天的生活，并分享你平常的阅读吗？

作为阅读者，我们每个人是什么样的？整个班级的学生都进行了这项调查是多么有力量啊。当我们的孩子制作了他们自己的阅读大事记或勾勒出自己的阅读特征时，或是像我们看到的凯茜·科林斯（Kathy Collins）的学生那样，把他们喜爱的书带到学校里，我们可以公开采访一位阅读者，要求班上的其他同学都来听这孩子的阅读生活细节，并思考："我和这个阅读者一样吗？我有什么不同呢？"的时候，我们就会谈到阅读者的生活、价值观和习惯。当我们发现一个孩子把卧室壁橱变成了一个阅读角时，我们就可以邀请所有的孩子谈论他们阅读的场所了。

一旦我们开始谈论阅读生活，我们就可以很容易地要求孩子计划他们的阅读生活，并制订解决方案。有一年6月，凯茜·科林斯的一年级学生和同伴谈论他们一年中的阅读状况，然后写出了他们的暑期阅读方案。下面是他们的一些目标。

> 暑期阅读的目标：
>
> 1. 我从夏令营回来后可能会很累，所以只打算简单地翻下书。
>
> 2. 我想读完25本书。
>
> 3. 我要做个计划表，每天早晨、下午和晚上分别在3个地方进行阅读。

从某种程度来说，我们进行评估是因为它让我们的教学鲜活了起来。孩子们在家的阅读状况，孩子们对阅读的看法，他们的阅读怪癖、品位、阅读史、阅读时的焦虑和他们的期望，了解这些情况非常重要。通过这种方法，教师帮助全体学生讨论、思考了阅读较难图书的压力，让孩子们了解利用图书馆的乐趣和阅读方方面面的事情。如果我们接触了众多阅读者阅读生活的细节，我们教学的整体结构就会因孩子们的独特故事和声音而变得异彩纷呈。

理解学生阅读的策略和信息资源

关键的是，我们需要至少对不同水平的阅读者和所有阅读困难的学生进行更为完整的评估。尽管评估所有的学生很重要，但如果这意味着我们仓促进行所有的测试，却没有时间去为被评估的孩子制订教学计划，这也是不明智的。评估阅读者不仅仅意味着收集数据，我们还要理解阅读者的行为模式和行为背后的逻辑，这样就能凭借我们对个体阅读者的理解立即制订出方案了。

对每一位阅读困难学生都进行评估是尤为重要的。阅读者受到的挑战越多，阅读的策略就可能越独特。阅读困难学生往往呈现了极端情况，且情况截然不同。这些阅读者往往不会同等利用他们所有的线索系统或信息来源。就好像这些阅读者坐在两条腿而不是三条腿的凳子上——这就是为什么他们一开始就会遇到困难。这个孩子的凳子丢了一条腿，那个孩子的另一条凳子腿也不见了。这个孩子很少使用字音、字形的信息，而在大多数情况下依靠对故事的感觉来创建自己的文本；那个阅读困难学生则过于依赖字音、字形，过分强调读准字音，而忽视了它们的含义和自己对于文本情节发展的理解。

对所有的孩子来说，特别是对这些阅读困难和新手阅读者来说，评估和教学指导必须是一致的，这样就可以为孩子量身定制合适的干预措施，一步步地进行指导，珍惜和庆祝哪怕是最微不足道的进步。我们要问：“判断教学是否起作用，我们要寻找哪些指标呢?”看不到预期的进展，我们就要调整我们的干预措施了。

为了获得学生作为阅读者的更为全面的信息，教师可能会用流水记录（running records）、非正式阅读清单或错误分析等手段，来分析每个学生阅读时所使用的策略。我们也想采访和观察阅读者，研究他们的写作样本。

流水记录

流水记录是对阅读行为进行编码和分析的一种工具。它由玛丽·克莱设计，被教师广泛使用。流水记录和错误分析（我稍后会介绍）背后最重要的理念是，当阅读者的朗读脱离文本时，这个“错误”（对脱离文本的叫法）揭示了阅读者是如何借鉴可利用的信息来源的。如果孩子拿着文本，把“我爬上自行车然后骑走了”（I jump on my bike and ride away）读成“我跳上自行车然后骑走了”（I hop on my bike and ride away），我们会知道这个孩子是把句子的意义和句法联系在了一起，但并没有注意到字形和字音相关的信息。孩子这样读，可能是因为他的脑海中已经呈现出文本的画面，他的人物就是以一种跳跃的方式骑上自行车的。我们会说这个孩子利用了语义（或文本的意义）和句法（句子结构）。如果另一个孩子将同样的句子读成“我病怏怏地骑着我的自行车走了”（I jomed on my bike and ride away），并且这个孩子并没有察觉到这样读听起来有点不合理或不对劲，那我们必须得出的结论是：至少在这个例子中，孩子阅读时依赖的是字音和字形，而不是意义或英语的句法结构。这两个孩子需要截然不同的指导。第一个孩子在阅读作品的这句话时没有什么困难，但我们可能想要通过教学，确保他能够按照要求正确地读出单词。第二个孩子看起来需要提高理解能力。研究阅读者的错误可以帮助我们勾勒出他们阅读时一般会使用的信息来源，了解阅读者是如何利用各种信息进行阅读的。在本书第三章中，根据我们所观察到的孩子们阅读时的表现，我会说明我们可以如何改变和区分教学方法。

流水记录的系统已经很完善了，我们可以经常做流水记录，而无须预先计划或做特殊安排。我们只要坐到一位正在读书的孩子身边就可以做流水记录。通常我们会对孩子只读了一遍的书或者不熟悉的书做流水记录。在这种情况下，我们经常阅读标题，给出一个简短的书的介绍，如“这个书名叫作《丹，丹，会飞的人》(*Dan, Dan, the Flying Man*)。丹飞过一些地方，就被抓住了”。如果文本对孩子来说有难度，流水记录会显示孩子阅读困难时的表现。

我们通常不对孩子的阅读进行录音（除非我们在研究如何更熟练地做流水记录，并用这种方式来检查自己），我们一般不会使用文本的复印件为孩子的阅读行为编码（尽管这么做非常有用）。我们使用大家都认可的符号来记录孩子的阅读。在下面的流水记录中，我对每一个错误进行编号，并分析了每个错误，以及阅读者可能用到的信息来源。

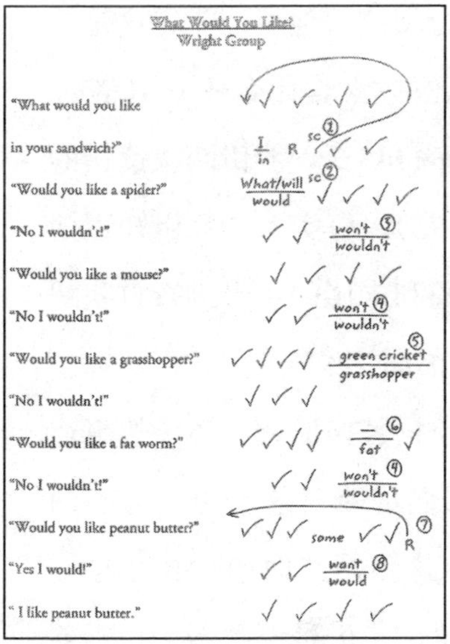

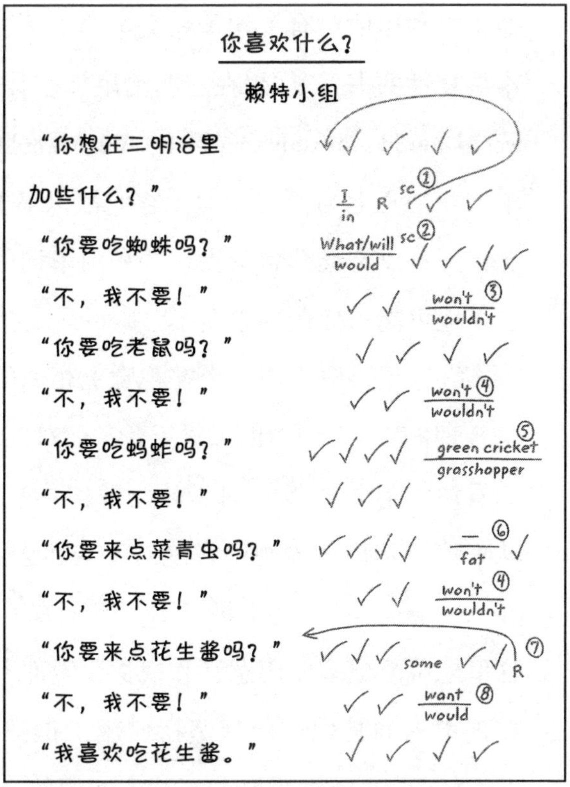

①罗伊把“in”读成“I”。做流水记录时，我们这样表示错误：

画一条线，线的上面写孩子念的版本，线的下面记文本的原词。这里的编码说明罗伊在监控自己的阅读过程。当出现错误后，他回头重读文本，进行自我纠正。SC（self-correction，自我纠正）表明他这次读的是正确的。

有趣的是猜测下罗伊为什么把"in"读成"I"。这两个单词的形状相似，也可能他将第一页"你会喜欢什么?"作为一个完整的问题，准备回答这个问题"我喜欢……"。这表明他有很强的语言结构感。显然，当他从头再读时，他使用了句法或句子结构来帮助自己纠正错误。

②罗伊读这一行的第一个单词时再次读错了。在自我纠正之前，他试读了"what"和"will"两个词。从上述的假设我们可以推测出，他正在利用他对有关句子和文本的了解进行阅读。他可能觉得这是一本重复性的书。"你想在三明治里加些什么？你喜欢什么……"（What would you like in your sandwich? What would you like...）罗伊两次读错的单词在视觉上与原词相似（它们都以 w 开头）。事实上，罗伊知道他念错了，没有继续念下去，并利用单词中间和末尾的字母进行自我纠正。他可能从标题中学会了"would"这个单词。

③这里，罗伊用一个在视觉上相似的单词替换原词，整个故事还是合理的，只是它在句法上不完全对。人们可能对这个错误有不同的看法，但我比较倾向于认为罗伊在看着这张图片时想"我会吃蜘蛛吗?"，然后接着想"我绝对不会那么做的"，于是说"不，我不要（No，I won't）"，而不是"不，我也许不会吧（No，I wouldn't）"。在这里他可能更多使用意义和视觉线索而不是句法来阅读。不过，罗伊在这本书的其他部分都坚持使用了他建立的模式，用"won't"代替"wouldn't"，这表明他在阅读中使用的还是句法，所以他在全文的阅

读中都保持了一贯的模式。

④罗伊在整本书中都用“won't”代替“wouldn't”。有些人会把每个重复出现的错误都视为一处错误。但我只把这样的错误算作一个错误，具体原因会在后面解释。请注意，我把后面相同的错误也编码成④。

⑤就算有人认为绿蛐蛐（green cricket）是两个单词，而蚱蜢（grasshopper）是一个单词，用绿蛐蛐代替蚱蜢很不可思议，但用绿蛐蛐代替蚱蜢确实很不错。罗伊利用视觉、字音、字形、意义（图片）、句法等线索，用一个昆虫的名字代替另一个。有些人认为，因为“green cricket”是两个词，所以这种替代应该算作两个错误。但我认为这是一个错误，当然这只是我的主观判断。

⑥罗伊遗漏了胖（fat）这个词，这符合他之前的语言模式。在前面的问题中，名词之前没有形容词，罗伊可能据此猜测，这一行也会遵循其他句子的规律。罗伊使用意义和句法来进行阅读，这种方法是有效的，也很合理，但在这里，这一做法导致他出现了阅读错误。

⑦罗伊利用句法发明了一个听起来正确的词，然后又回去，用视觉线索来自我纠正。

⑧这是一个有趣的错误，和阅读中的其他错误不同，它并不符合句法习惯。用 want 替代 would 是视觉上（字音、字形）的错误，但如果是错误，应该听起来非常符合句法习惯。毕竟罗伊在阅读中非常依赖句法，他就会读成：“是的，我想要。（Yes，I want it.）”因此，这个错误讲不通，听起来也不对。

罗伊能够很好地复述这个故事，甚至猜测出那个问问题的人是爷爷。罗伊告诉我：“爷爷问那个男孩想在三明治上加什么。男孩只要花生酱，别的都不想要。”

那么，我要如何看待这份流水记录？我们可以用不同的方式来计算罗伊阅读的准确率，把每个用 won't 代替 wouldn't 的错误算作一个错误，也可以把所有的这类错误视为一个错误。因为这个阅读模式（句法模式）一直贯穿在整个故事中，所以我认为这合起来只能算一个错误。如果他在阅读过程中摇摆不定，或是有迹象表明他发现了一些错误却没有自我纠正，那我就会把每个重复出现的错误都视为一个错误，他的准确率就会降低。我对这个例子的判断仅仅是主观判断，其他一些知情人并没有把每个重复的错误汇总成一个。根据我们的打分方式，我们可能得出一个令人信服的结论：罗伊的准确率为 87%，那么所阅读的文本对他来说可能太难了。然而，如果我们将重复出现的 won't 替代 wouldn't 看作是一个错误计算的话，那么他的阅读准确率为 93%，自我纠正并正确的比例为 1∶3。这意味着罗伊每出现三个错误就会进行一次自我纠正。密切观察罗伊的阅读，看看他在阅读过程中所利用的信息，他对文本意思的探究暗示着他似乎有效地阅读了精心选择的文本。在这种情况下，我可能不会遵循让孩子通常有 90%—95% 阅读准确率的经验法则，我会判定他的阅读准确率为 87%，我也会密切关注这个阅读者。

当然，真正重要的事情是我们花时间研究流水记录，看看孩子做了什么。在最近的一次访问中，玛丽·克莱说她经常建议教师写一个十行的总结，说说他们从流水记录中学到了什么，对“作为阅读者，这个孩子处在什么位置?”这一问题做出回答。这个建议很好。

非正式阅读清单

学生的非正式阅读清单包括一系列分级的段落或文本。通常教师预估出学生的大致水平，然后要求学生读一个单词表，表中单词与分级段落的单词难易程度相当。使用单词表评估阅读有一些局限，因为优秀的阅读者可以利用语义和句法来进行阅读，而这两方面在读单词时都看不出来。但是有些老师发现，观察孩子单独处理单词时的做法是有帮助的，因为这会凸显孩子即时识别单词或单词特征的能力，还有拆分单词的能力。如果孩子成功读出某一个单词表，那么孩子就可以开始阅读段落。他们可能先被要求默读段落，然后再朗读，随后进行复述，或者回答与文本相关的问题。教师同时记录学生的错误以及复述的状况，随后进行准确性计算。准确性计算以及复述的情况决定该文本是处在学生的独立阅读、指导性阅读还是阅读困难的水平上。

与流水记录相比，非正式阅读清单（简称 IRIs）既有优点也有不足。在流水记录过程中教师记录学生持续阅读文本的情况，学生会出于真实目的而选择图书，阅读也发生在一定的社会情境中。而非正式阅读则抽离了具体的社会情境，它更像是一场测试，这是它的不足之处。但是从另一个方面来说，担任观察者的教师陪伴着学生进行拓展性阅读，他们会记录下学生的行为及使用策略。有人认为开展非正式阅读清单相关的工作更容易（比如，图表让错误统计更加准确，阅读理解类的问题是事先提供好的）。而且，非正式阅读清单有个明显的优势，那就是，它似乎提供了客观、标准化的评估。如果家长质疑我们是否给特定的孩子提供了合适的图书来进行非正式评估，我们可以把孩子在《优质阅读清单 3》（*Qualitative Reading Inventory 3*）或发展性阅读评估的成绩展示给他们。如果教育管理者想要用客观的工具来追踪学生在阅读上的进步，我们有时可以建议教师们采用这些工具进行评估，而不采用由多项选择题所组成的常规测试。

错误分析

肯·古德曼（Ken Goodman）研制了错误分析法，提出所有阅读者都会犯错误，娴熟、有技巧的阅读者与糟糕的阅读者之间的差别并不在于错误的数量（它会因为文本难度的改变而不同），而更多在于错误的性质。优秀的阅读者能进行有效阅读，基于所读的文本建构意义。在这个过程中，他们也会犯错误。例如，特别优秀的阅读者的错误往往是用一个虚词取代另一个，他们可能把“我沿着码头下去”（I went down by the deck）读成“我下去到了码头”（I went down to the deck）。有的错误看起来并不要紧，因为它保留了文本的原意。正如《让错误分析变得容易：提升学生的优势》的作者桑德拉·怀尔德对我和我的同事说的，如果阅读者想要准确地读出每个单词，他们需要放慢阅读速度，并且以关注单词为目标，而不是关注其意思。使用错误分析的教师相信，如果阅读者过于关注对文本进行精确的语言匹配，结果往往更容易出现错误。

错误分析最初是为研究者制订的。每个错误的分析都需要花费大量的时间。多年来，教师已经知道，尽管使用该工具有捷径，但刚开始时我们还是有必要对它进行详细的研究，学着按照最初设计的样子来使用它。因此，尽管错误分析很有效，但还没有被广泛整合进教师的评估工具单中。耶塔·古德曼（Yetta Goodman）和卡罗琳·伯克（Carolyn Burke）在《阅读错误清单手册》（*Reading Miscue Inventory Manual*）一书中对错误分析进行了改进，让它更简便易行；而在《让错误分析变得容易：提升学生的优势》这本小书中，桑德拉·怀尔德则尝试着把错误分析（程序Ⅲ）改写成适合教师操作的版本。这些书对一线教师非常有帮助，我向阅读者们推荐这些书。

要进行错误分析（程序Ⅲ），教师要为阅读者选择一篇具有一定挑战性的文本，确保阅读者会出现错误。这通常意味着选择一篇我们认为从现在算起一年之后对学生来说简单的文本。我们使用的文本通常有五百字（或更多），是全文而不是节选。学生会拿到原始文本（图书），而我们则带着录音机和复印的文本坐到他的旁边。“我想要了解阅读者阅读时的行为。在阅读过程中，如果你卡住了而我又不在，你会怎么做？在完成阅读之后，我们会讨论你读到了什么。”

在错误分析中，教师不会对文本进行介绍，或者让学生重读一篇熟悉的文本，但这两种做法在流水记录中经常出现。流水记录基于这样的理念：在大多数情况下，阅读者的阅读准确率应该达到90%。而在错误分析中，阅读者的准确率并不同等重要。重要的是在遇到困难时他所采取的策略模式。为了掌握阅读者独立默读时的情况，教师在做错误分析时不会为遇到困难的学生提供可替代的词汇。相反，在流水记录中，如果学生被困在一个单词上二十秒，我们就会告诉学生这个单词并且在记录上写一个T（即告知单词），这样做是为了保证阅读的流畅性。可能准确来说，选择以流水记录为评估工具的人比选择错误分析的人更为重视阅读的流畅性。

在错误分析的阅读时段，研究者或教师会用与流水记录相似的编码来记录阅读者的行为。录音是为了防止丢失某些部分。然后我们假装从未读过这个文本，要求学生为我们复述他们知道的一切。在学生没有完成第一遍复述之前我们不会提问，而且谨慎避免任何肯定或质疑学生复述的行为。在学生复述完文本之后，我们通过提问来进一步了解他们的理解情况。桑德拉·怀尔德建议教师这么问，“除了什么和什么，你还能说说其他什么吗？”“故事中有什么和什么。还有谁吗?”，有必要的话还可以继续问“之后发生了什么事?”。

学生离开之后，我们记录下总体的评论，可能包括学生阅读的流畅程度、语调、投入状况以及我们对学生在出现错误时所采用策略的总体印象。然后，从文本中选择一部分进行分析，以编码的方式来记录学生的行为和所遵循的逻辑。选择出的部分需要有二十五处错误，我们以此预估要编码的文本部分。我们在复印件上给每一句话都加上序号，然后阅读每一句中的错误（包括阅读者的自我纠正），随后问自己三个问题：“这句话听起来像英文句式吗?”如果像，就在第一句话的旁边写个 Y（表示“是的”，这句话听起来确实像英文句式）。紧接着我们问：“这符合情理吗?”然后顺着上一个编码写下 Y 或者 N。如果上面两个问题的答案都是“是”，就要接着问第三个问题：“意思改变了吗?”（如果答案是“没改变”，就写个 N）。三个问题的答案加在一起——编码为 YYN——意味着阅读者出现了不严重的错误。尽管阅读者错了，但这句话还是英文句式，符合情理，而且没有改变原意。尽管学生读的与原文相比在视觉或图像上完全不相符，它可能是一个与原文截然不同的词汇或短语，但编码为 YYN 的句子可以被认定为不严重的错误。

当然，了解学生对视觉或者图像信息的借鉴使用程度也很重要。因此，我们也会观察学生用来替换原词的每个单词，包括那些已经被学生纠正的单词，以此评估学生生成的单词与书中的原词看上去是否相似。我们给每一个替换的单词编码，说明它与原词的相似度为高、中或低。通常，如果一个单词与原词有两个到三个（开始、中间和结尾）相似之处，比如学生把 bread 说成了 break，那么我们就会认定这个错误的图像相似度为高。如果学生用由一个、两个或三个字母构成的虚词来替代原词（比如用“to”替代“in”），我们也会判断这个错误的图像相似度为高。越是优秀的阅读者，越不容易在相似性上出现错误，因为他们的错误一般出现在对文本意思的理解上。

最终，我们比较复述，检查它们与错误之间的关系。如果复述既精确又详细，我们就不用太担心大部分不符合 YYN 模式的错误。如果复述中有很多不足之处，即使学生的错误很少，我们也会进一步探讨学生对文本的理解情况。默读时，阅读者的理解是否更好？在阅读其他文本的时候呢？听别人朗读呢？

我们需要开展这些评估，以指导我们所有的教学。我们尤其要留意、理解那些阅读困难学生，针对他们进行教学。这项工作至关重要，因此我会在下一章进行详细阐述。

流水记录、非正式阅读清单与错误分析

	流水记录	非正式阅读清单	错误分析
记录	在空白页上做记录。	在文本的打印版上做记录。	在原文的复印件上做记录。
打分与分析	替换、缺失、插入都算作错误，基于语义、句法和视觉线索进行分析； 自我纠正不算错误； 准确率由词的数量或错误的数量决定； 只要学生出现错误就进行分析。	除了分析意思是否改变，很少分析所使用的线索； 准确率得分决定了阅读者应该属于阅读困难水平、指导性阅读水平或独立阅读水平； 错误只是简单相加，不必深入分析。	根据句子听起来是否正常、是否有意义以及意思是否发生改变等进行编码； 错误被放置在整个句子中进行分析； 错误还根据视觉相似度的高 / 中 / 低进行编码； 虽然也会计算准确率，但更强调错误的质量而不是数量。“不严重的错误”并不被看作问题。
复述	通常包括复述部分。	近年来大部分包括复述。	总是包括复述。

续表

	流水记录	非正式阅读清单	错误分析
阅读者	适用于新手阅读者，他们在阅读过程中应用策略的痕迹还很明显，通常包括大班到二年级的学生。	主要用于不需要图片支持就可以阅读一页文本的阅读者，至少是一年级中期以上的学生。	对二年级到八年级的学生特别有效，尤其在做错误分析回顾，帮助孩子分析自己的阅读过程时有奇效。
文本类型与长度	一般不超过100个单词；真正的图书或带有插图的文本；只要可能，就使用文本中有意义的那部分。	经过分级的文本段落，经常摘自教材或其他图书的基本读物。	全文，而且是真实的文本；从文本中选择出20—25个句子进行编码。
文本介绍	教师通常会读标题，并做内容简介。有些教师仅在进行第二次阅读时做流水记录。	标题和内容简单介绍；可能在阅读前帮助学生了解背景知识。	教师从不做内容简单介绍。其目的是尽可能仔细地观察学生独立阅读的过程。重点不是了解学生的阅读准确率，而是理解学生在建构意义时所使用的策略。
教师协助	因为阅读最终是一个独立的行为，所以在做流水记录时教师尽量不要帮助被难住的学生。我们能确切地了解到学生所面临的困难。不过，如果学生确实被难住了，教师也等了足够长的时间，这时应该告诉学生这个单词，并在记录本上写下“告知”。	耐心等待，不提示，告知错误。	即使学生完全被难住了，教师也不要告诉学生文本的内容。其目的是理解阅读者在缺少帮助时会采取的行为。我们清楚错误会汇集起来，这会降低准确率，但准确率并不是我们关注的焦点。相反，我们要研究的是阅读者面对困难时使用的策略。
深度分析	准确性； 是否使用了线索； 寻找贯穿始终的阅读模式； 大致的水平。	准确性； 是否是有意义的错误； 理解得分； 指定大概的年级水平。	对语义、句法和图像线索的利用； 对文本的整体理解； 复述。

对自己的教学负责

作为教师，我们的评估系统应该提供持续的反馈来源，帮助我们实现教学目标。教师很容易误认为通过建议、提醒或者指示阅读者阅读，我们就可以完成教学工作。我们可能告诉阅读者，无论是在学校还是在家里，都有必要进行大量的阅读，但是教学并不仅仅是告诉，它意味着寻找通过图书来跟踪学生进步的不同方式。我们可以搬张凳子坐在亚西尔的身边，问他："我很困惑。在今天的课上你已经读了十三页的内容。但是昨晚在家你只读了四页，而前天晚上一页都没读。出了什么状况?"我们可以了解到亚西尔忘记把书带回家，或者他与两个兄弟睡在同一个房间，很难进行睡前阅读。于是我们和亚西尔一起想办法来解决这些问题。这就是教学。

作为教师，我们有必要扪心自问："在我们的共同努力下，学生最终应该懂得什么知识，或者应该学会做什么?"还有："我要怎样才能经常采集到每个学生进步的证据?"至关重要的是，我们要意识到，一旦学生没有完全遵循我们的期望达成目标，我们就要改变自己的教学。教学工作就像一遍又一遍地跋山涉水，一切都是为了学生的发展。

在整个学年中，我们要设定一个个小的目标。比如，"到这时，必须留意我的哪些学生阅读时看起来投入或不投入"；"我会要求每个学生粗略写下朗读的这本书的大致内容，为的是了解有多少学生理解了故事的梗概"；"我想看看：当我要求学生一个个朗读墙上的单词时，他们会怎么做"；"我将通过采访来了解孩子最喜欢的作者"；等等。我建议不同年级的教师都要制订某些可观察的阅读发展点，并在整个年级中或整个阅读群体中寻找它们。我们有时会根据这些指标来系统地收集数据，并把我们掌握的情况带到我们的会议、学习小组和课程计划小组，与同事分享。在十月的第一周，每个一年级的教师都可以在学生独立阅读时，观察学生看起来是否已经建立了语感，一一对应他们所读文本中的单音节词汇。还有一点很关键，即要懂得，当我们开展这些非正式评估时，我们要评估的不仅仅是学生，同时还要评估我们自身，评估我们的教学工作。

向目标迈进的过程中，我们的评估系统应该为我们提供持续的反馈来源。如果我告诉了阅读者思考阅读不同主题的纪实类图书的价值，然后观察了他们是否确实在这么做，那么我就需要直面我在教学工作中的不足，深入推进我的工作。一旦我们承担起自己的责任，让我们的教学对学生产生实质性的影响，我们的教学就会更有力量。

使用评估系统，制订多层次的教学计划

我们并不是要按照假想的学生平均水平，对整个班级施行单一形式的教学。相反，我们要考虑到班级中学生不同的发展程度，设计出可以满足所有学生发展需要的课程，促进他们每个人的进一步发展。因此，我们基于班级的评估系统，制订对不同程度的学生而言既有弹性又有深度的教学计划。我们的评估应该推动我们去研究所有的学生和他们的学习，去探究我们自身以及我们的工作。

第三章

支持在意义理解、文字或阅读流畅性方面有困难的阅读者

兰迪·博默把椅子拉到约翰旁边，听他朗读。约翰一路结结巴巴地读下来，一页要读完时突然停了一下：下一个单词他不认识。他把手指放到那个单词下面，又缩回去，然后盯着天花板。兰迪看到这一切，开始进行干预："约翰，你知道吗？你盯着天花板看，是不会弄明白这个单词的意思的。要是我，我会去查字典。"

约翰仍然盯着天花板，回答道："有时上帝会告诉我它的意思。"

我们不能指望上帝来帮助我们阅读，但我们由此知道了纠结于一项新技能的感觉，就像盼着天降神佑。阅读困难的学生也有这样的感觉。他们可能刚开始学习阅读，也可能正进入一个新的、难度更大的阅读阶段，抑或是可能在阅读上出了点差错，他们都希望能获得帮助。在这一章，针对学生所遭遇的阅读困难，我们将会从以下六个方面探讨改进的措施。

◎ 研究阅读困难学生，为他们制订学习方法和计划。

◎ 指导阅读困难学生的一般原则。

◎ 帮助需要将注意力转移到意义理解上的阅读者。

◎ 帮助阅读文字有困难的阅读者。

◎ 帮助阅读不流畅的阅读者。

◎ 帮助经验不足的阅读者。

◎ 帮助拥有大量阅读困难学生的学校。

研究阅读困难学生，为他们制订学习方法和计划

我的同事加比·莱登是专门研究阅读困难的驻校专家。最近我和一组老师合作，观察阅读上有各种困难的几位阅读者。“我们只是观察，记下所看到的阅读者的行为。”我们说这些老师的观察与其他经常和我们一起分享的那些老师大同小异。这里有些例子。

他发不出“船长”(captain)的音。

他不能利用字母发音。

他在阅读时完全不理解内容——你能看得出来。

他不认识单词。

他不认识词尾部分。

他从没完整地读过一本书。

我们把这些观察写在纸上的图表里。然后我坐下来，看着这些图表，努力思考如何从这里开展教师发展工作。我瞥了一眼边上，加比正摊开她的观察表。于是，我看到了工作的起点。我要求这些老师指出:为什么他们的观察表上做的观察和加比做的观察大相径庭？加比的工作目标与他们的又有什么不同？

老师们的观察表	加比的观察表
他发不出“船长”（captain）的音。 他不能利用字母发音。	他借助常见词的词库进行阅读，阅读具有一定的准确性。但当他卡在一个词上时，他似乎束手无策。他回到词的开头，似乎就停在那里了。
他在阅读时完全不理解内容——你能看得出来。	当他遇到不会的单词时，会用一个部分发音相同、首音节相同的词来代替。这个替换词用在这里不符合情理，但这完全不会干扰到他继续念下去。
他不认识单词。	他在“attention”（attenty-on）和“completes”（complĕtes）两个词上出现了失误。看起来有点像的词的搭配没有唤起他的任何记忆，这是词汇的问题吗？
他不认识词尾部分。	尽管他能解决大部分单词，但他删掉了所有的词尾，也没注意到时态问题。他也是一个词一个词地进行阅读。流畅性方面存在问题吗？
他从没完整地读过一本书。	阅读者似乎在每个段落的最后都要停下来。

对比两份观察表——加比和其他老师的观察报告，我想起了玛丽·克莱曾经对我说过的：一开始，她的学生通常关注的是一个阅读者所不能做到的事。“我告诉他们，好极了，但你不能从那里开展教学。”我感觉，我从她的格言里悟出了一些全新的道理：“你需要从他们的优势教起。”可以肯定的是，根据像“他发不出‘船长’的音”这样的观察报告很难制订教学计划。问题在于，教师并不像关注学生们遇到的问题（加比也这么做了）一样去关注学生对问题的回应。加比观察到一个孩子努力去读“completes”一词，注意到即使这个孩子

读得出这个词也不理解它的意思，这时加比把这个孩子看作是一个优势和不足并存的阅读者。尽管这孩子有词汇方面的问题，但他在处理阅读中遇到的不认识的词时有自己的技巧。然而其他老师们观察时却把孩子们阅读中的困难归类为失误或者错误。所以当老师们说“她在阅读时完全不理解内容——你能看得出来”时，加比说：“当他遇到不会的单词时，会用一个部分发音相同、首音节相同的词来代替。这个替换词用在这里不符合情理，但这完全不会干扰到他继续念下去。”

加比对一个阅读者的阅读行为进行详细的描述，承认这样的事实——即使一个人的阅读有错误，他也有读对的部分。那天，我们意识到直接观察孩子们行为的重要性，意识到不要把孩子们在阅读时所犯的错误当作过失，当作错误的黑洞，而是要将其看作失误，是他们策略应用不当的证据，或者说明之前的阅读建议对他们已经失效，也可能是他们平衡不好线索系统。加比并不认为“他发不出‘船长’的音”，而是认为“他借助常见词的词库进行阅读，阅读具有一定的准确性。但当他卡在一个词上时，他似乎束手无措。他回到词的开头，似乎就停在那里了”。这种思考方式为我们打开一扇窗，以观察孩子的逻辑、阅读想法以及所有的策略。

那天我们把对孩子们的所有观察及各种信息资料——比如流水记录、写作样本等，都转化为教学计划。有人可能会说：“在制订计划前，我必须得与这些孩子待上几周时间。”但我们相信，即使没有支持我们的强有力的证据，我们也要勇敢出发，设定试验的想法，制订教学计划，这非常重要。对阅读者进行试验的想法让我们可以更加积极地通过观察，确认或修改我们的假设。即使我们有一个简单的流水记录，或者只对阅读困难学生观察十分钟，我们也要回头自问：“那么，这可能是什么状况？”仅仅收集数据是不够的，还必须付出同等的时间去分析研究这些数据。之后，这个阅读困难学生的所有老师必须通力协作，制订一个可供分享的教学计划，再按这个计划同步行动。

我们首先从杰克开始。他是一位四年级的学生，正在读《大侦探纳提》（*Nate, The Great*）这本书——该书通常出现在二年级的课堂上。杰克在认读单词上并没有遇到什么困难，但看起来他对书的内容并不感兴趣。他快速地、干巴巴地读着，有几次他一口气读到那一页的最后一个标点，完全没想过是不是有地方读错了。在默读时他看起来也没有取得什么进展，因为他常常心不在焉，读一会儿，停一会儿，再读一会儿。他的老师告诉我们，她知道《大侦探纳提》这本书低于杰克的阅读水平，并且感觉到杰克对这本书不感兴趣，就想让杰克读些更难一点的书。但杰克的单词并不过关，他的句子念得听上去都不像英文。这让我们再次肯定了一点：尽管我们很清楚要让他读更多的书，得到更好的锻炼，成为更强的阅读者，但杰克依然停留在当前这个水平。

了解孩子的写作是认识其阅读水平的关键。杰克的写作没出乎我们的意料。他能正式拼出不少的单词，但很少使用标点符号，这个风格在不同的作文中都体现出来了。他的作文已经能够成句，但是不连贯，句子结构也不合理。由此可以肯定，他在字形字音线索系统上没问题（他的拼写很合理），但可能在理解标点符号、段落和文章结构上有些困难。

我们已经合理推断出，学习阅读标点符号对杰克会有所帮助，但是问题不是“我能教孩子什么”，而是“在我可以教孩子的所有内容中，什么是最基本的？教什么可以使孩子取得最大的进步”。我们不确定杰克是否会主动地解释和理解他所读到的东西，不过这对我们而言至关重要。我们回到教室将杰克拉到一旁，告诉他我们不太理解他读的书，请他为我们讲一讲。杰克复述了这个故事：“他们正在寻找一张破碎的字条，他们很努力地去寻找，你知道的，它在哪里以及之后发生了什么。”之前我已经学会认真聆听孩子们复述一本书。在聆听时，一不小心就会受到误导，全盘接受复述，但事实上这样毫无意义。杰克在复述时确实讲出了一些东西，把从书中得出的只言片语加到他的评论中。这可能很容易被人相信他的复述是合情合理的，但确实其中有很多混乱之处。那么，杰克的问题出在复述上还是出在阅读上？这时加比告诉杰克当她复述故事时，她会将人物、时间、地点、主要事件以及故事发生了多长时间等内容交代清楚。加比将她所说的话简单地列成一个清单。“你能为我们再讲一遍《大侦探纳提》这本书吗？这次按这个提纲来。”她挥了挥故事要素清单，这样问道。出乎我们的意料，加比的干预是有效的。杰克说道：“好吧，纳提是一个小孩，他扮演了一名侦探。在午夜，他接到朋友罗莎蒙德的电话，说她丢失了一张字条，然后纳提说他会帮她找到的。”杰克复述的改变令人印象非常深刻，我们确信这种改变将会帮助他在阅读过程中留意所有的故事要素，并且继续在心里将故事复述下来。（《如何培养良好的阅读品质?》将更为详细地描述与故事要素相关的教学）虽然杰克看起来有能力建构文本的意义，但阅读时他总是心不在焉，我们让他继续关注故事要素，然后要求他利用这些要素向阅读伙伴复述这个故事，希望这样可以让他更投入一些。

同时，我们发现他已经能很好地掌握他所读内容的含义，于是决定提醒他注意那些被他忽略了的标点符号。于是，我们返回教室继续与杰克一起学习。

当项目教师、阅读专家、教师培训者一起为阅读困难学生研发可共享使用的教学计划时，我们发现参考相关人员的教学计划是很有帮助的。我们不再简单地讨论要怎么做，而是实实在在、一点点地和学生一起努力，这样才能实现所有的目标。我们更好地了解了这些阅读者，并据此共同改进我们为阅读者制订的计划。针对某一特定的阅读者，还有其他很多的阅读者，我们研制了更多可共享的教学方式。我们把彼此当作智库，通力合作，为那些需要我们了解的学生服务。有时，我们分成几组，一起共同研究案例，指导几个学生阅读，把我们的合作看成是一种专业发展的模式。有时，针对一所学校所有阅读困难学生，我们和所有相关的人员一起合作，以拓宽识别的范围，指导有特殊需要的学生。

指导阅读困难学生的一般性原则

当阅读者遇到阅读困难时——无论他们是因为进入到一个新的、更难的阅读阶段，还是因为他们的阅读有点脱离了正轨——这些指导原则对他们都是有所助益的。

◎ 至关重要的是，指导同一个学生的所有教师要共同协商出一个教学计划。与其他学生不同，在一天的教学中，阅读困难学生需要一个连续的指导方案。他们不能被资源教室的教师、班级教师和课后家庭教师等不同的人拉扯着，阅读不同的书，接受不同的指导。

◎ 如果一个孩子在一本书上耗费了长到不合理的时间，那么这本书对他而言就太难了，这一点几乎毫无例外。我们的当务之急是解决这种情况。让孩子不停地读些无法驾驭的书，这种做法对孩子有百害而无一利。即使给孩子一本相对简单的书，对他们而言还是太难，他们还是无法流畅地阅读并理解这本书，那么这样做就毫无意义。虽然我们可能认为调整书的难度水平比一下子就让孩子去读那些能够流畅阅读的书更有用，但事实上，害怕伤害到孩子的自我意识而让他们读一些无法驾驭的书的做法并不明智。稍微降低孩子的阅读难度（却不降到恰当的水平）往往没什么作用，并不能让他们收获融会贯通的感受。我们必须坚持让阅读困难学生阅读那些他们能轻松驾驭的书，这是帮助孩子理解阅读的唯一方式。

◎ 这些孩子需要在阅读上付出更多的时间，但实际情况正相反。让他们不停地参加与阅读相关的活动，却不重新规划他们课前、课中、课后的时间以便让他们沉浸在阅读中，这样的行为就是在伤害他们。

◎ 我们需要密切地指导这些孩子。通常，我们会努力消除他们一些不合时宜、无用的行为，帮助他们形成新的习惯。为此，在他们阅读时，我们需要陪伴其左右，要求他们用手指指着书阅读，留意他们的眼睛，指出插图中的线索让他们观察并思考。一旦拉开空间距离，就无法实施这样的教学。所以这需要老师和同学共同努力。

◎ 当阅读者停下来的时候，我们需要给他主动思考的时间。即使他理解错了，我们也要让他继续阅读，直到遇到困难并

（希望他）自我纠正。如果我们每次都跳出来指正他的错误，他就没有机会思考对文本的理解，进行自我纠正，而这两种能力都极为重要。给阅读者时间让他自行思考，给他机会自行控制自己的阅读，这两点同等重要。我们要警惕，不要帮阅读者拿书、指出文字、翻页以及念出词句。

◎ 写作可以是教授阅读技巧的一个很有用的方法，特别是对那些阅读困难学生而言，他们必须寻求各种资源来解决遇到的单词问题。为这些阅读能力差的学生开展课后或暑期补习项目，可以把写作列为首选。

◎ 在孩子们遇到困难时，我们有时一不小心就会降低标准，会包容孩子们的缺点。如果我们要求其他孩子每天晚上写作，而且要求他们如果不完成布置的习作就不能参加户外活动或者打电话回家，那么对阅读困难学生也应该做同样要求。

◎ 阅读困难学生往往对自己能理解学校所使用的语言不抱希望。如果孩子不能理解教师的话或朗读的内容，就不敢要求教师进行澄清，那么他们很可能无法理解书面文本。要帮助这些孩子，可以让他们从理解口语开始。让阅读困难学生参加大班额的集会，认真倾听，可以帮助他们学习如何留意语言，这样的教学很重要。

◎ 与一两个同事合作，会让老师得到更多干预阅读困难学生的方法。准确地描述出学生的行为，有助于我们更好地理解孩子的学习方式。如果我们可以一起观察学习中的学生，就会找到更多帮助孩子的方法。

◎ 阅读困难学生往往会在暑假出现大幅的退步，这无疑是种损失。因此，提供各种各样的暑假阅读支持项目是一个明智的方法。

虽然孩子们的学习情况以及遇到的困难各不相同，但是有时他们的学习风格和困难会有相似之处。缩小困难范围，有助于我们设计一个教学计划，在孩子们发展易受阻的地方提供帮助。

让学生将注意力转移到意义理解上

看起来不关注他们生成的文本是否有意义的学生

在理解文本有困难的学生中，有一类是在阅读的过程中还不能思考、判断自己的理解是否合理，也不会进行自我纠正的学生。这种孩子会生成一个毫无意义的词汇或错词，或把单词的词性搞错，但他们会像什么错都没有一样继续阅读。这种行为常常会带来更为严重的问题：如果不关注意义理解，那么即使孩子掌握了解决阅读困难的策略也无济于事，因为他首先要体验什么是阅读中的困难。不关注意义本身就是个问题，而且它还会产生新的问题：阅读者无法做到倾听文本，确保它听起来合乎情理。忽略了意义（语义）理解也就忽略了句法。

这种阅读困难学生需要的可能是读些更简单易读的书，这样，他所阅读的文本才不会像瑞士蜂窝奶酪一样，布满了空洞，根本不可能进行有目的的阅读。如果可以，我们会让他在正式阅读之前先预览一下文本。我们一起看看标题，翻翻插图，讨论一下这本书大概的内容：书里会发生什么故事？这个故事会怎么发展？通过这些做法，我们能帮助激活语义或意义建构线索系统，确保孩子能镇定下来，认识到文本是有意义的。

总之，我们要让这个阅读者了解词汇是用来传递意义的。在他阅读的时候，我们偶尔会说："这讲得通吗？"即便他读的句子是有意义的，而且发音准确，我们依然会问："这讲得通吗？听起来对吗？"不仅在不理解某个词汇的情况下，而且在整个阅读的过程中，监控自己的理解都很重要。

当阅读者出现失误，生成的文本不合逻辑，而他自己却意识不到时，我们可以问他"什么意思？"或"呃？这读不通。重读一下吧"。如果他重读时又出现失误使文本不通但他自己却没意识到，我们要认真地观察，问题可能就隐藏在一些细微的线索中。这时，我们可以进一步关注这个不太明确的线索。"你怎么停了？"我们问道。"你太棒了！你想到了什么？"当他回头重新阅读时，无论是否能找到正确的答案，我们都要支持他的这种自我纠正的做法。

能读出词汇却无法复述故事的学生

在各式各样的阅读理解方面存在困难的学生中，有一类学生可以把词汇读得字正腔圆，却复述不出任何内容（除了描述插图）。如果我们坚持让这些孩子复述内容，他们往往只会重读原文。这些阅读者经常把阅读看作一场表演或一种成就。"我读了整本书。"他大声宣布。但当我们问他喜欢书的哪一点时，他就缄口不言了。这些孩子读书好像只是为了获得表扬，却找不到阅读的意义。

我们应对这类学生的方式与应对上一类学生相差无几：让他们读些更简单易读的书，进行故事的预览以帮助他们预测故事的发展。但我们的工作不止于此，我们不仅要帮孩子关注意义，还要努力确保他们构建意义。在他默读时，我们就和他并肩坐着，时不时地讨论下书本的内容。比如，当他和我一起读到主人公踩到阁楼上一块松了的木板时，我会和孩子一起闭上眼睛，喊道："不。"当我们继续读下去，发现主人公已经安全下楼时，我会发出"呼"的声音或者说"我终于放心了。不知道他的弟弟现在怎么样了"。在我们继续阅读时，我会观察他是否对与文本相关的部分做出回应。在读完一段精彩的部分后，我会看着他，好像在问："你觉得怎么样？"通过这些方式，我努力让学生在阅读时回应文本。

我们也会指导孩子在阅读中经常暂停，问自己："等一下！到目前为止这本书说了些什么？"以此来复述这本书。我们也可以再次和他一起坐下来，试着让他与我们一起回忆整个故事。这个孩子不但需要复述故事，而且还要在阅读时就想到自己很快就要复述这个故事。

可以讨论每页内容却不能复述完整故事的学生

也有一些孩子可以说出刚刚读过的任何一页的内容，却似乎不能形成一个连贯的、整体的故事。他们理解单个的句子，却不能以连贯的方式来理解更大篇幅的文本。他们往往把故事复述得支离破碎。在写作中也是如此，他们使用各种短语、分句，但不能组合成有意义的故事。他们有时会把作文写成诗歌，以此掩饰这类问题。

聪明的做法是为这些孩子事先做个故事简介，这样他们能对书本的内容梗概有所了解，而且能形成一种把故事片段串联起来的整体感。我们会说："哥哥对弟弟做了很多不好的事情。让我们读一下故事，然后找出一些他所做的不好的事情。"然后说，"皮特对他哥哥是不是不友好？你能相信吗？他……""他还做了哪些不好的事？

让我们一起来回想一下。”当然，因为我们无法总是陪伴着孩子们，为他们介绍每本书，所以我们还要教孩子们怎样为自己找到故事简介。我们建议孩子：“如果你的朋友读过这本书，让他告诉你书里的故事。”“你们在阅读前至少得浏览下整本书。这是一个关于什么的故事？它想告诉你什么？”还有一些方式可以非常有效地帮助这些孩子，比如与阅读伙伴进行讨论，又如在今天的阅读之前先复述昨天的故事，再如阅读的时候知道自己还要复述。

对于这些阅读者，我会使用卡罗琳·伯克和耶塔·古德曼研发出的策略——“架构故事”（schema story），这种做法很有用。给孩子一个已经被分割成一个个独立段落的故事文本，孩子的任务是把它重新组成一个故事，他们要凭自己的感觉来思考故事是如何发展的。通常我很排斥这种阅读活动，因为它完全不同于我们日常的阅读方式，但我想这种方法可能会帮助这种特定的阅读困难学生。

在词汇方面需要支持的学生

一些在理解方面有困难的孩子显然需要建构更多的词汇。他们常常能念出单词的大致发音，却不能准确地理解意思，因为不熟悉这些单词。这种情况一般出现在第二语言学习者和阅读经验不足的阅读者身上。无论如何，他们都会从朗读、参与读书会、了解书的创作目的、复述书的简介、针对文本中的部分单词和概念进行讨论等活动中受益。当他们遇到生词时，我们要鼓励他们把握大意。他们应该试着念出生词，并且在句中用同义词取代它。这样就能逐渐建立一个与生词相关的词汇网。比起词汇练习，广泛的阅读给阅读者带来的收益更多，因为即便不直接教授生词，阅读也是一种特别有效的学习词汇的方式。有研究证实，孩子们通过阅读记住单词意思的速度是强化词汇教学的10倍。

孩子们要意识到，他们可以根据上下文推测生词的意思并理解文本的大意。这就是我们所有人基于文本学习新词汇的方法。他们也要知道，当他们无法理解句子的意思时可以向同伴或老师求助，不必把生词写下来查字典，除非他们想这样做。如果要求孩子们搞清楚每个生词的话，那么他们的注意力会主要集中在生词而不是已经掌握的单词上。这样做既没有帮助也没有必要。能完全理解意思的学生可以通过阅读、对话以及从生活经验中学习等方式来更好地掌握词汇。

帮助文字方面困难的学生

消极对待困难的学生

一些阅读新手（包括那些有点阅读经验但还没找到门径的阅读者）会一直读下去，一旦他们遇到不认识的词卡住了，他们就会停下来，茫然不知所措。有时，这些阅读者会向别人求助，但大多数情况下，他们会在困难面前变得被动。他们可能认识不少单词，但似乎不会基于已知的单词生成新的单词。写作时，他们往往非常谨慎，对于不会拼写的单词，他们很少去猜测其意思。

坐在这样的孩子身边，陪伴他一起面对困难，这种做法很有用。当他读到“我喂……”却被“长颈鹿”这个词卡住时，我们一开始只是坐着，暗示他我们不会马上帮助他。如果他还是不知道如何是好，我们会说：“嗯，这时候你可以怎么做?”我们再次向他暗示：“这是你的责任。”如果这么做还是没有效果，我们就要说：“读读首字母，检查下插图。试一下。”

阅读者需要知道，我们希望他尝试。如果有必要，我们会建议他使用某一特定的策略，但我们不会替他们阅读。最后我们可能会问道：“它可能在说什么？”认真思考一下再问：“我们应不应该重读一遍？”但我们只会等孩子自己来读“我喂……”。“让我们看下首字母，”我们最后可能说，“会不会是长颈鹿？”如果他点头，我们会说：“你怎么知道的？检查下是不是长颈鹿。”然后等他自己真正去检查。

下次我们再和他坐到一起时，就会观察他是不是积极，他的行为是不是产生了作用，我们要肯定并支持他的努力。“我发现你瞥了眼图片！我喜欢你这么做。你是不是也看到了这个单词的开头部分 b？看到了？太棒了！”从头到尾，我们都在教这个孩子一整套的阅读策略。我们也会帮他在写作时更有智慧地解决词汇问题，知道在写作中如何应对不太熟悉的词汇。我们想让他使用已知的单词来解决未知的生词，懂得如果他会 and（和）这个词，就有助于学会 animal（动物）、ant（蚂蚁）和 sand（沙子）等单词。

逐词阅读的学生

其他一些阅读困难学生可能会用一种读得结结巴巴的方式来解决生词，会一个字母一个字母地读出单词。书上写道：“我给那个男人一毛钱硬币买糖果。”而孩子卡在一毛钱硬币（dime）上，他可能会这么读：“d-i-m-e。”要指导这种学生，我可能得努力让他理解单词的意思而不只是处理文字。（“这可能是什么？这里能用什么词？”）我可能这么问：“想想故事。你可能给这个男人什么东西？”即使插图中画出了硬币，我也不会说："看看插图。"因为我不想让他形成单词就是要对应插图的看法。除了低年级的读物，这种对应并不常见。最多我可能会说："有时插图能帮助你理解单词。"

为了帮助这个孩子处理文字、获取字词的读音和含义，我可能建议他："重读这句话，对好嘴形，准备发出每个单词的音。"他一开始并不知道怎么做，我们可以通过重读和发出首音节的读音来进行演示。我也可以演示音符串（chunk sounds）的学习方式："我以前见过i-m-e这种单词结构。是不是ime？是这样读吗？D-ime?"我让他观察单词的字母构成："这个单词有没有我熟悉的部分?""我是不是在其他单词中也见过这个单词中的一部分?"因为把不会念的单词分成了一个个音节，所以很容易出现误读或遗漏。我希望这个孩子习惯于不断尝试找出单词的正确读法，一种不行，就换另一种。关于指导这类孩子，有项研究发现是教师应铭记在心的，即借助自己熟悉的单词拼写规律来学习生词对阅读者非常有益。相较于一个字母一个字母、从左到右地拼出单词这种方式，阅读者更应该通过已知的模式（如like中的ike）、通过类比来学习生词（如pike）。在这一天的其他时间，这个孩子还可以在坎宁安的造字活动（Making Words activity）中进行学习。在这个活动中，教师会让学生在自己的白板上写出拼写规律，如old（年老的）。"现在加上一个字母组成sold（卖），"老师说，"现在换另一个字母组成told（告诉）"。拼写规律方面的学习，如鼓励孩子利用已知的单词来学习生词对孩子肯定是有帮助的。而且，学会利用词尾、前缀、尾音、合成词等方式来串联单词，也有助于孩子在写作工作坊中学习。

需要掌握更多字母、音节和单词知识的学生

我们有时会发现，有些阅读困难学生完全不认识印刷体文字和词汇。通常情况下，幼儿园毕业时阅读发展正常的学生会认识10—20个单词，而且能轻松地写出来；一年级结束时他们能掌握近100个常见词。这并不是一个教学目标。我们没有必要让学生学高频词。我想指出的是，经过大量阅读和写作练习的学生，经常会反复遇到某些单词，他们会形成自动识别能力。如果有些孩子看起来尚未形成自动识别能力，既没有存储相应的单词库或单词串，又不了解合成词、双元音、字母、音节和单词串（word chunks），那么他们就应该去写作工作坊学习这些内容。在写作的过程中，他们会主动地利用这些信息。通过在写作中不断使用常见词、词缀、合成词和双元音，学生会在阅读过程中逐渐适应印刷体文字，熟悉字母的发音。

在流畅性和断句上需要支持的学生

每个人的阅读都有一定的节奏。我们可以一节节地读："很久以前/有个姑娘/名叫爱丽丝。"也可以一口气读下来，还可以读一个单词停顿一下。如果阅读者在短的语句表达之间停顿过久，就会干扰其对文本的理解。一旦要阅读那些包含较多复杂句式的文本，就会产生更多的问题。如果学生出现流畅性和断句方面的困难，就说明了他过去的阅读体验不太好。我们的第一个干预措施是确保他所阅读的书处于一个稳定的水平，是他能够轻松驾驭的。这些简单的书最好是由一些听起来就像我们平常说的那样的长句组成，而且包含了大量的高频词。学生接触的一些书中，每页只包含一些碎片式的文本，它们显

然不能很好地支持学生流畅地阅读。

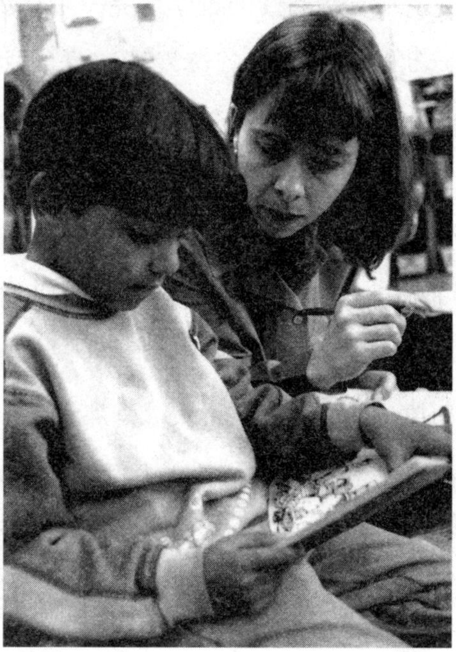

即使让他们去阅读简单的书，这些阅读者可能在断音、断句上还是有问题，因为这成了他们的一个习惯，他们认为这才是阅读应有的样子。我们希望用《如何创设适宜的阅读环境和课程?》所列举的流畅性提示来训练阅读者。我们也会促使孩子思考整个故事的意思，以帮助他们流畅地阅读。我们会问："你会怎么对别人说这一句，'马上把门关上'?""看着我的眼睛，'让我马上把门关上'。对我说。"我们也会用正常的语调把这句话流利地念出来，然后让孩子重复一遍。

流畅阅读的训练就是让学生在阅读简单的章节图书时一眼就能看到一句话里更多的内容。他们刚看到一句话，就要想到这句话可能在说什么。有阅读者用手指或书签一行一行地指着书阅读，这种做法会干扰到阅读的流畅性，影响断句。盖伊·苏·平内尔建议我，在孩子读到C级水平（指导性阅读水平）的图书时，除非遇到困难，否则就不要让他们进行指读。用书签指着书，一行一行、慢慢移动到一页的下面，这种阅读方法不会让学生受益。如果要让书签起作用，明智的做法是用它把页面分成两部分，而不是让它随着句子移动。最有效的方法是用书签把已经读过的部分遮上（或者从视野中挪开）。所以，让书签跟着阅读者阅读的进度而不是引导阅读者，这样才能发挥书签最大的效果。优秀的阅读者往往能快速浏览、推测所阅读的词汇。因此，我们建议不要让书签剥夺了阅读者浏览预测的机会。

流畅阅读的训练不仅可以在一对一见面辅导时进行，而且可以变成全班共同研究的一部分。阅读者可以选出自己喜爱的几句话，练习流利地朗读，并理解其含义。下面的一句话摘自梅姆·福克斯（Mem Fox）的《威威找记忆》（*Wilfrid Gordon MacDonald Partridge*）。

他们两个人开心地笑啊，笑啊，因为

南希奶奶丢失的记忆被一个小男孩找到了，那个小男孩一点也不老。[①]

最重要的是，在练习流畅阅读和断句时，我们要为学生提供更多的机会去聆听美文的朗诵——优秀的朗诵。

帮助阅读经验不足的学生

有些学生在读非常简单的图书时没什么特别的问题。比如，一个刚开始学习阅读或很少花时间阅读的五年级学生，可能仍然在阅读早

① And the two of them smiled because Miss Nancy's memory had been found again, by a small boy, who wasn't very old either.

期的系列图书。虽然他读“神奇的树屋”（*The Magic Treehouse*）系列书时遇到的困难只有一点点，但是当他阅读符合他年级水平的图书时，他的阅读就变得一塌糊涂。如果我们让他读稍有难度的图书，他就会遭遇理解上的困难。

这个学生需要继续阅读“神奇的树屋”系列书。他需要花上大量的时间，在早晨上学前、在校期间、放学后以及睡觉前进行阅读，这样我们最后才能提高他的阅读难度。随着不断的练习，他的能力会越来越强。我们可以通过指导性阅读教学逐步提升他的阅读等级：对书本进行简单介绍，帮助他理解故事大意，帮他为阅读中可能遇到的问题做好准备。一味地强迫他阅读是愚蠢的做法，他的阅读水平只会停留在原有水平上。

帮助拥有大量阅读困难学生的学校

截至目前，我主要关注的是如何评估和指导阅读困难学生个体。有些学校存在拥有大量阅读困难学生的情况，如果要讨论此类学校如何解决学生的阅读困难问题，答案并不简单。在这些情况下，我们的方法是同时推进几个方面的工作。这些阅读困难学生的家庭环境即使对我们最优秀的教师来说也是一个挑战；这些学校几乎不可避免地缺乏资源，这一点让人非常痛心。尽管此类学校的问题比较复杂，但改善阅读的第一步一般都非常清晰。首先要确保所有的学生都能获得最低限度地学习阅读和写作的机会。如果学校没有适合学生阅读能力的图书，不能为学生在校期间提供更多的阅读时间，如果学生不能在自身现有的水平条件下学习和发展的话，那么学生就很难学会轻松阅读。老师在一天中需要多次朗读。学生需要通过大量的写作来学习书面语言，还要有大量的相互合作机会与他人交流、协作，有目的地使用语言。

推进有大量阅读困难学生的学校开展阅读和推动阅读困难学生阅读一样，都非常艰难。这些学校与每个阅读困难学生一样，都面临着独特的困境。无论学校还是学生，都不能从“放之四海而皆准”的方法中受益。无论我们要讨论的是学校还是学生，一开始都要对他们进行理性的评估，尊重他们的状况。虽然这些学校的某些阅读教学经验明显不管用，但是，在剔除一些无用的条件之后，我们还是从学校挖掘出一些有用的部分。我经常看到有些人把这种学校和阅读困难学生同样视为“错误的黑洞”，进而否定了学校所有的做法，最终他们为这些学校设计的教学计划是把学校中好的部分全部推翻。无论是个人还是组织，不考虑自己的能力，不突出自身的优势，是不可能获得优化发展的。

所以，这些学校需要的，是由一个最智慧、经验最丰富的评估者组成的团队，花大量的时间与学校教师、学生和校长一起合作研究。他们必须对学校进行详细研究，才能提出一个基于学校特点、符合学生与学校需要的教学计划。

如果我们要扭转学校发展的不良趋势，帮助学校稳定、积极地向前发展，我们必须确保这个行动的目标是可实现的、具体的，符合学校的最近发展区。学校可以把眼光放在让所有的学生都有书可读，每天都能进行 45 分钟的阅读，而且所有的教师在阅读教学的各个复杂时刻都能获得并肩式的支持上。这样的目标可能会提高学生的成绩，甚至在常模参照的多项选择题测试中也能获得更好的分数。但如果这些学校被告知，他们唯一的目标是让成绩大幅提升，那么这所学校在学习发展上很可能后继无力；这样的目标最终可能让学校失控。而面临阅读困难的学校与困难学生一样，首先需要的是一种控制感，要坚信自己重新获得了控制能力，能通过积极的努力创造不同。

第四章

指导性阅读与策略课

指导性阅读对一系列阅读课程的整体安排有着特殊的贡献。指导一组水平相近的学生，在我们早已熟悉的文本内遨游，这是多么有意义的旅程啊！我们针对这些阅读者专门选择了文本，并清楚它给阅读者带来的触动和挑战。但是和独立阅读、朗读、见面辅导、读书俱乐部等方法一样，指导性阅读也不是万能的。我看见一些老师一天之内要引导几个指导性阅读小组，却忽略了其他也起重要作用的学习活动设计，这让我担心。策略课就是其中一种可供选择的学习结构，它与指导性阅读相似却也不尽相同，对阅读教学同样有重要的意义。

什么是指导性阅读？

要理解学校中所能见到的各式各样不同的指导性阅读，我们有必要明确一点，即不同的人对指导性阅读一词的理解不同。我和我的同事最近花了 20 天时间参与了盖伊·苏·平内尔的学习小组，她是《指导性阅读》（*Guided Reading*）一书的作者之一。因此，我们对这一结构的理解并不是我们的原创，而主要借鉴了盖伊·苏·平内尔的相关工作。非常感谢她的悉心指导。然而，对其他人来说，指导性阅读主要根植于基础阅读项目。比如，卡尔尼、西尔伯特等人在他们合著的《直接教阅读》(*Direct Instruction Reading*)一书中指出，指导性阅读是教师先为一群阅读水平差不多的阅读者精心选择一份文本，然后再由教师确定文本中学生需要了解的“关键内容”，以便帮助学生熟练掌握文本。教师事先要把文本的生词、难词、独特的图表和段落结构等内容教给学生，再让他们开始阅读；然后在某个特定的位置停下来，以便开展后续活动，比如提问—回答。有些教师以指导性阅读为名，组织班级所有的学生参与讨论、阅读、再讨论某一文本。文本有两份，“一份处于年级水平，另一份低于年级水平”。我们对指导性阅读的理解更多是基于平内尔和方塔斯的著作，与卡尔尼、西尔伯特等人所说的指导性阅读不同。

我在带领指导性阅读小组时，会邀请两到三对阅读伙伴加入，我们一起坐到教室图书馆的桌子边或地毯上。这些学生的阅读水平差不多(可能都是蓝点标识的阅读者)。我可能事先就知道，这些特定的学生都需要解决相似的阅读问题(比如流畅性)，或者他们刚开始阅读的书[如《母鸡罗丝去散步》(*Rosie's Walk*)和《小猫曲奇的一周》(*Cookie's Week*)]中可能有很多长的复杂的句子，甚至是跨页的，这对他们的断句能力和流利阅读能力提出了新的要求。也可能我只是意识到，我有段时间没有检查他们的阅读了，想了解他们近来的阅读情况。

我选了一本书，给每个学生发了一本相同的书。如果这些阅读者已经在读蓝点标识的书，那么我要么选一本蓝点标识的书，要么就选难度稍大一点的书。一旦我发了书，我通常会先做一个 3—4 分钟的导读，具体会包括对书的总结、核心概念的讨论以及教一些生词。我也可以利用这个机会让学生了解下书中一些复杂的内容。我可能这么讲："把书翻到第七页。这只老鼠非常不开心，他说话的方式很奇怪，是嘟囔的（grumbles）。"这时我可能让学生多参与一点，比如问道："你们觉得单词 grumbles（嘟囔）的开头字母是什么？"或者问学生："这页中有没有棘手的单词？指出这个单词，读一下。是的，老鼠是嘟囔的，是吗？"如果我不想在嘟囔（grumbles）这个词上给学生太多帮助，可能就在遇到的时候稍微提一下。

导读之后就是学生的阅读时间。我希望学生在我身边围成一圈或半圈，这样每个孩子都可以一直读下来，不会中断。如果文本比较长，要读好几天，那么我就会在中间设立一个停顿点。学生可以自行默读或朗读，就像平时阅读一样，而不用齐声朗读或唱读。如果他们开始齐声朗读或唱读，我会要求他们停下来，然后稍微侧点身，这样就会减少对其他围成一圈同学的影响，避免齐声朗读。在学生阅读的时候，我从他们身边走过，听每个学生的阅读并进行简单的指导。默读的学生通常知道在我走近时应该朗读；有时我会拍拍他的肩，提醒他。

如果学生在阅读中遇到了问题，我首先会仔细观察他在面临困难时是否积极地去想办法。我可能说"看看插图""怎么样才会符合情理？"或"它可能是 ____ 吗？"并提供正确的单词。为学生提供这些帮助是因为希望他可以继续读下去。如果学生在阅读过程中遇到太多的困难，那我们就可能选错了书，或者没有做好导读。这时，我们就会接手，为孩子朗读。我会问："你想让我来读吗？"

如果一些孩子很快就读完了，我们倾向于要求他们再读一次文本，这次得默读（或者不用手指着文字阅读），我们也很可能让他们找出最喜欢的那几页。不管怎样，一旦所有人都完成了阅读，我们会进行一个简短的讨论。“你怎么看这个故事的？它很悲伤，是不是？丹尼尔，你最喜欢哪一页？约琳呢？”在我的认知里，这些对话并不是真正地针对书的讨论。指导性阅读课上的讨论一般是从学生到教师再到另一个学生不停地进行的，学生之间几乎没怎么讨论。每个学生都只说自己的思考，不会做详细的阐述。当然，并不一定非要如此，但是我不建议把指导性阅读小组变成回应小组、文学圈或读书俱乐部。指导性阅读的结构并不是包治百病的灵丹妙药，在我眼中，指导性阅读绝对不是用来探讨文本的理想方式，也不适用于通过讨论文本来形成新的观点。

在小型的“对话”之后，“教学点”就出现了。在我所观察的盖伊·苏·平内尔带领的指导性阅读课中，有1/3的课上她会问阅读者“哪一部分比较棘手？”或者“哪部分你做了很好的阅读工作？”。这时阅读者就会重温这部分内容。还有另一个做法，这个老师会带学生一起阅读那些她认为容易出现困难的部分。教学点经常包括重温好几个学生都遭遇字词困难的那一页。在这种情况之下，我们就会拿出一块白板，在上面写上单词，用一些相似的词来解释。如果某个单词或标点符号从文中被择了出来并围绕它单独进行讨论（比如把它写到白板上），那么教师总会要求学生在这一环节结束之前，重温出现这个单词的那一页。这样，被摘录出来的这一小部分就被放回到文本的上下文中。比如，原文写道：“妈妈在种植（planting）。”而学生却把它读成了：“妈妈在种花（gardening）。”这时，教学首先要肯定学生在阅读过程中的做法："你注意到妈妈在花园里干活，这是对的。种花（gardening）是个不错的猜想，符合原意。但是，你看，这一页上的这个单词是以 pl 开头的……"教师可能会继续追问："如果文本写道：'妈妈在挖土（digging）'（教师边说边在白板上写出这个词），那它可能在说什么？啊，你看到了 d，并且发出了 /d/ 的音，我很高兴看到你这么做。"如果学生已经读了一本书，对它进行了简单的讨论，并围绕一两个相关的内容进行了学习，指导性阅读就可以结束了。学生不需要继续进行识字卡学习或类似的活动。他们可以拿着书坐回原位重温书里的内容，也可以把书放在他们接下来几天中想要重温的那堆书中。

指导性阅读不是……	指导性阅读是……
教师的导读是通过一系列的问题引导学生了解文本。不管这些问题是共同读图（picture walk）还是合理猜测的一部分，他们都可能掩盖图书本身，引出一大堆的口头阐述，反而偏离了对书本的关注。	教师的导读概括了文章的主要内容，引导学生留意特定的页码。这些页码可能让学生遭遇困难。
针对在共享阅读时段全班学生已经阅读的文本，学生再次阅读。	学生初次阅读他们不熟悉且通常具有一定挑战性的文本。他们从教师的导读中获得帮助。
学生轮流阅读或齐声诵读或唱读的时段。	小组所有成员都拿着自己的书，同时开始进行默读，通常每个学生都要读完所有的内容。
阅读是断断续续、不连贯的，学生读一小段后就要停下来，听教师集中提示下一部分的内容，比如"读一读，找出安德鲁发疯的原因"。	没有停顿地一口气读完。读完的学生可以再次阅读，或回头找出自己最喜欢的内容，等待其他同学读完。

续表

指导性阅读不是……	指导性阅读是……
分组是长期的,以学生的能力为依据。	基于学生的能力分组，但是是短期的、临时的。
一次小组活动需 20—40 分钟。	一次小组活动需 10—15 分钟。
阅读活动结束后，要进行字卡学习、句子配对、拼写游戏、练习题等活动。	阅读活动结束后，教师通常会指出一个教学点，即“难点”，可能会在白板上或用带磁性的字母卡做些指导。除此之外，很少使用其他更多的教学工具。

指导性阅读的目的

我发现，指导性阅读对一些阅读启蒙者和阅读新手（以及在不同水平上遭遇阅读困难的阅读者）来说特别有效。这些阅读者还会学习如何兼顾意义和文字，学习如何利用这两种信息源确认文本的意思。指导性阅读可以很好地帮助此类阅读者去思考文章的内容，根据文字检查或修正他们的猜想，尤其是在这些阅读者的猜想已经严重跑题时，这个帮助特别有效。随着学生认识更多的常见词，他们对文本的猜想也更加准确。但在此之前，教师的选择非常有限。如果一幅图上画着开车的母亲，学生看到画面时会想到“这位女士要去上班了”，而不是“妈妈在驾驶”，那么对这个学生而言，他很难学会看图想故事，很难让自己的猜测与文字相匹配。由于他无法利用各种不同的信息来判断文本的内容，那么我们该如何帮助这个孩子真正读懂这个文本呢？如果他加入了两人一组的阅读小组，我们希望另一个学生会认得“妈妈”这个单词，从而找到进入文本的方式。另外，我们也可以采用共享阅读的方式先和他一起阅读该文本，这样他进行独立阅读时就相当于重读。我们可以和他坐在一起，一页一页地帮助他阅读（起码要让他了解整本书的故事大概）。又或者，我们可以在指导性阅读课上和他一起学习，通过导读帮助他完成对整本书的初次阅读。当一位学生的阅读生涯正处在这个时刻，指导性阅读对他是最有帮助的。而且值得高兴的是，这个阶段的阅读者所阅读的书篇幅都非常短，所以指导性阅读的时间可以是简短的。

指导性阅读还能帮助我们去指导一群想要稍微提高阅读等级的学生，他们只是要读比以前难度稍大一点的图书。如果想让阅读者尝试有难度的书，我会对这一组学生隔天进行一次指导，提供作者或系列书的相关信息，为他们创造一个良好的开端，接着他们自己继续阅读。这样的指导需要持续 1—2 个星期。

最后，如果我们想确保熟练的阅读者对文本建构全面、整体的理解，指导性阅读也是非常有效的。通常，熟练的阅读者能够念出文本中所有的单词，能够回顾与文本相关的大量细节，他们认为这就是对文本的理解。在指导性阅读课上，我们会对文本进行导读，但有时我们也会让阅读能力强的学生自主阅读——经历一系列困境后突出重围、解决问题，这样阅读可能效果更好，而且可以帮助他们更好地发展文本的语感。我们可以帮助熟练的阅读者真切地体验什么是理解文本。

教师在进行指导性阅读时面临的问题

一个教师决定开始进行指导性阅读时，至少面临以下四个任务。

◎ 建立指导性阅读学习的图书馆。

◎ 熟悉文本。

◎ 做好导读工作。

◎ 管理好班级的其他成员。

建立指导性阅读学习的图书馆

一旦决定要着手进行指导性阅读，我们通常面临的第一个问题是如何确保拥有必需的材料。不幸的是，当学校决定把指导性阅读工作纳入阅读课程后，阅读专员有时就会进入教室，把所有相同的图书都拿到指导性阅读的专门教室里。但是，为什么要以掏空班级图书馆的方式来“支持”一个新的课程结构呢?

从学校层面来看，更有效的方式是购买更多的必备图书。如果能组织一场义卖活动或书展，或者挨家挨户地寻找愿意支持学校购书的销售商可以解决问题的话，那就一定要去做。我建议，指导性阅读的图书收集工作应该有所倾斜和侧重，尽可能集中收集属于早期阅读水平的图书，越早越好，这样的图书内容通常很短，而在这一阶段进行指导性阅读尤为重要。对于每本用来做指导性阅读的书，我们大多数人要保存六本相同的书，把它们放在一个小塑料袋中。针对某一特定水平的阅读者，一个书筐中会有多个不同的塑料袋。在学生成为熟练的阅读者之后，指导性阅读需要的大部分阅读材料是内容短小精悍的，比如短篇故事、诗歌、报纸上的文章和书的节选等。

熟悉文本

如果教师能重复使用同一文本，指导性阅读就能发挥出最大的效应。如果我们只是简单地浏览了一个文本就用它进行指导性阅读教学，那么指导工作就会面临很多困难。为了想象出阅读者可能会遇到什么样的困难，事先研究文本是关键。如果我们使用同一文本指导许多不同的阅读者，这会有助于我们提前预测文本的难点。如果之前的阅读者都被卡在某个特定的部分，那么我们就会知道，在面对阅读新手时，我们要么让他们“翻到第九页……”要么刻意地把这个特定的困难留给阅读者自己去体验和解决。这样我们在指导性阅读时段的观察就有了焦点。

做好导读工作

我们观摩了盖伊·苏·平内尔的指导性阅读课之后，最大的触动就是我们需要反思导读工作。我们看过一些有关导读的建议，说导读是“读图”和“对话”。我们也看过一些公开的指导性阅读录像，里面展示了教师在 6 分钟的导读过程中问了大约 50 个引导性问题。因为这些经验，我们逐渐相信导读持续时间较长、进展曲折，教师和学生通过读图一页页地了解文本的内容，在这个过程中师生要不断进行对话。然而，这个方法往往适得其反，不是帮助澄清内容，而是让学生更加混乱。

有一次我和同事去观摩一位二年级教师的导读，书名是《纪念品》（Souvenirs），盖伊·苏·平内尔也一起去了。在那位教师身后的地上堆了一摞书。二年级学生围着她坐成一圈，她说道：“我们今天要看的故事是关于人们旅行后带回家的物品，叫什么呢？”学生鸦雀无声，教师自己回答了刚刚的问题。“纪念品。你们有谁旅游后带了一些与众不同的东西回家呢？”

安博大声说:“我读幼儿园的时候,有一次在旅行中带回一个南瓜。”

“你用南瓜来做什么了呢?”

“我切出了眼睛和鼻子的形状……”安博说道。

“万圣节可以用到南瓜。”米歇尔说。

“万圣节我们会组织游行。”第三个孩子说道,然后开始描述学校的万圣节游行。

“今天我们来阅读玛维女士的故事。她出去旅行,然后带回了一些纪念品,给一些特别的人。”老师举起了被遮挡住的图片,问道:“玛维女士看起来在干吗呢?”

“在我看来,她好像在计划她的环球旅行。”米歇尔给出了教师想要的答案,“她在看地图。”

“那她想知道什么呢?”

“她住哪儿?”安博说道,“我住在 142 号大街,我的奶奶研究过地铁上的地图。”

关于《纪念品》的导读以这种形式持续了大约 20 分钟,教师对指导性阅读小组一共提了 93 个问题。为了回答教师的问题,孩子对故事进行了各种变形,不仅有关于雕刻南瓜和万圣节游行的故事,还有关于人物看电影、戴安娜王妃(书中的一幅图上画了英国的一辆双层公交车)和弗吉尼亚沙滩的故事。

到目前为止,我们已经观摩了盖伊·苏·平内尔为指导性阅读进行的 20 多场导读,另外还多次观摩了她指导个别学生而进行的多次导读。不管是还只会读标题的幼儿园学生,还是能读“安博·布朗”(*Amber Brown*)的三年级学生,盖伊的导读看起来总是以一些能够表达文本主旨的句子开始，为阅读者理解文本的概念提供一些背景知识。故事里的小孩做的事情很多，有时玩棒球，有时去送报，有时画吸管，有时会说“绝对不行”，有时则在食谱里加黄油。一些看书的孩子会因此陷入混乱。所以，导读为他们理解故事提供了背景知识。三年级几个学生困难地阅读着《安博·布朗生气了》（*Amber Brown Sees Red*）一书，盖伊一开始就问学生懂不懂“看到红色（sees red）”这种表达方式。学生不懂，于是盖伊解释说：“这本书里有不常见的词。书里面说‘看到红色了（sees red）’时，我就会想到斗牛。骑士们挥舞着红旗去激怒牛。所以说安博·布朗看到红色，表示她真的很生气。”盖伊继续解释道：“她生气是因为她最好的朋友搬走了，而且她妈妈和一个她不喜欢的家伙订婚了。”

马塞勒斯补充道：“当她的妈妈在计划蜜月时，她就因为不能一起去而伤心。”

盖伊问道：“那你们觉得她最伤心的是哪一点呢?”

“她的妈妈要嫁给马克斯，而她和马克斯的关系不好。”

盖伊补充说：“书中也讲到了她的爸爸。她认为父母离婚可以解决问题，但事与愿违，不是吗？所以写的是安博·布朗看到红色了，指的就是她心中怒火燃烧。”

要特别指出的是，这些书的导读工作并不像它们看起来那么简单。作为我们和盖伊的课程的一部分，莉萨·里珀格和我一起把我们自己带领指导性阅读的过程录了下来。我选了罗伯特·克罗（Robert Krau）的书《你是谁家的老鼠?》（*Whose Mouse Are You*?）。翻开这本书，你就看到了“你是谁家的老鼠?”这句话，还配了一张图片，上面是一只孤单的老鼠。“谁家的都不是。”翻过这页，我们会看到“你的妈妈在哪呢？”然后是：“被猫吃掉了。”看着文本，我在思考我应该说什么。我想我不必告诉这些六岁的孩子们，书里有一个看不见的人在向主人公提问。最终，我这样开始导读：“在这个故事中，这本书向老鼠提出了一些问题。这本书问老鼠：‘你是谁家的老鼠？’”我通读了书的前半部分，但没有读完整本书就放弃了。我和同事们曾经读了一大堆的书，想从中挑出一部分用来做导读。盖伊得知后，让我们把那些因为难以导读而被舍弃的书带给她看看，其中有一本叫《双胞胎》（*Twins*）。文本内容如下。

我和姐姐是双胞胎。我们看起来一模一样。

我们有一模一样的头发。不信看看我们的头发。

我们有一模一样的眼睛。不信看看我们的眼睛。

我们有一模一样的笑容。不信看看我们的笑容。

但是我们做的事情不一样。我喜欢看书。她喜欢踢足球。

我们吃的东西不一样。我喜欢香蕉。她喜欢苹果。

我们的穿着打扮不一样。我喜欢裤子。她喜欢裙子。

我们看起来一模一样，但我们是不同的两个人。

盖伊读完这本书，思考了一两分钟后，就着手设计导读。因为这份导读是为我们设计的，和她在教室里进行的导读可能并不完全相同。

“我为你们选的这本书是关于两姐妹的。她们很特别，因为她们是双胞胎。也就是说她们虽然是姐妹，但她们在同一天出生！你有认识的双胞胎吗？当然，双胞胎在一些方面是很相像的。有时候她们打扮得很像，有时候会做同样的事情。但有时候双胞胎也不太像。这本书全书都在讲述她们的共同点和不同点。”（她让我们把书翻到第一页。）“看这儿，她们是两姐妹。她们长得像吗？她们的很多方面都很像。”（她一边翻书一边对我们说。）“看她们的头发，一模一样。再看看她们笑起来的样子。”

现在盖伊翻到了书出现主要转折点的那页。她把这页指给我们看，说：“但是这对双胞胎有时候也会做不一样的事情。这里有个长词，different。你们找到了吗？那什么事情可能是不一样的呢？看到足球了。你们会认为她们两个都喜欢足球吗？还是她们喜欢不一样的事物？”

有些老师觉得导读很难，在看了《殊途同归》（*By Different Paths to Common Outcomes*）一书中的《为年幼阅读者介绍故事书》（*Introducing Story books to Young Readers*）这一章节时他们会备受鼓舞。玛丽·克莱一开始就写道：“为即将开始阅读的年幼学生介绍新的文本需要超凡的技巧。”我同意这一说法。但是我认为，如果我们认真思考书中的故事要素，以此做好准备，那么导读工作就步入了正轨。书中的故事要素包括故事情节、背景、人物、时间的推移及变化等。如果不是叙述性的故事，那还包括书中呈现的规律模式。导读通常会为整个故事建立一个框架，也经常会讨论结局，但不会对每页内容进行概述。我们需要问自己：“我怎样才能构建出一个能帮助儿童思考全书的框架？”导读工作不是立即打开书和阅读者一起读图，相反，更明智的做法是把书合上进行讨论，只有导读工作完成过半后才开始翻书。尽管孩子们在导读过程中应该感觉自己是活跃和投入的，但导读并不是真正的讨论时间。正如玛丽·克莱所说：“教师以最少的互动介绍书的主题、题目和人物。过多的讨论会混淆导读的目的，分散了对于故事焦点的注意力。”

盖伊曾带领过一个由五个一年级学生组成的指导性阅读小组，这些学生来自莉萨·里珀格的班级，我记录了盖伊的导读过程。

盖伊：今天我们来阅读《晚安，小猫咪》(*Good Night, Little Kitten*)。这是一个关于小猫咪不愿意上床睡觉的故事。你知道，当孩子不想上床睡觉的时候，他们会喋喋不休，找尽理由，企图拖延睡觉的时间。在这本书中，小猫咪对父母讲了很多的事情。你能想到妈妈会说："你必须睡觉。"那就是在这本书中发生的故事。翻到封面，上面写着《晚安，小猫咪》。翻到下一页，看看发生了什么事。

学生们：妈妈和小猫咪在说话。

盖伊：是的。书上写着：晚安，小猫咪。把书翻到第八页(第八页有一张小猫咪在游戏房里的图片)。这就可以理解小猫咪为什么不愿意上床睡觉了。就是他在看他所有的玩具！再把书翻到第十二页，这里写着，他不想上床睡觉，他说："我想熬夜!"再把书翻到第十四页。还有个人在说话。(这是一张猫爸爸的图片。文本里说这是猫爸爸，但盖伊并没有告诉孩子们这一点。)

学生们：爸爸!

盖伊：可能吧。我们来看一下是否还有别的内容是我想展示给你们看的。(她和孩子们一起翻书。)父母对小猫咪真的越来越没耐心了。

学生们：他们都在说他。(不是，他们是在和他说话。)

盖伊：可能在说他，但也有可能是在和他说话。当孩子们不想上床睡觉的时候会找什么样的事情做借口呢？他们会像小猫咪一样说"我不累"这样的话吗？(边说边翻着书)妈妈会说什么呢？“你必须睡觉。”我想让你们看看最后一页。

学生们：可能他把妈妈吵醒了，并且……

盖伊：（盖伊解释了这一页的一两个单词。）在脑中想一下：在这个故事中到底发生了什么？把书翻到前面，翻到封面，我们来一起读一下题目。

每个人：晚安，小猫咪。

盖伊：你们能轻声读完整本书吗？试着自己一个人读这本书。

导读是指导性阅读中非常重要的一部分，它如此重要以至于盖伊甚至建议：“指导性阅读 80% 的工作就是导读。”关于如何节省时间，她建议我们如果可能的话（虽然不是理想的做法），先提供一个简单的导读，然后让孩子们自己去阅读和讨论文本，与此同时我们可以抽出时间去支持其他的学生。在新西兰，导读是教学中一个常见环节，即使在教师与个别学生或阅读伙伴讨论辅导时也会使用。

管理好班级的其他成员

如果做指导性阅读的教师面临的第一个挑战是确保获取和了解我们所用的文本，接下来的挑战是提供清晰、有用的导读，那么他们还面临的一个最大的挑战就是其他孩子做什么的问题。在我们引领指导性阅读小组的时候，其他的孩子做什么呢？如果我们一天只带一个指导性阅读小组，而不是力争带 3—4 个小组（有些老师的确这样做），这个问题就会小一点。甚至如果我们简化导读工作，砍掉一些拓展活动（比如单词卡、句子纸条、练习题等类似的活动），问题也会小一点。换言之，教师合理的做法是为一个小组提供 10—15 分钟的指导，而不是通常的分成几个小组，每个小组工作持续 20—30 分钟。

当老师带领一个指导性阅读小组时，班级其他学生该做什么的问题依旧存在。有些教师设立了各式各样的学习中心来解决这个问题，把学生的时间排得满满的，而且让他们至少能有所收获。有时一个早上，当老师在指导一个接一个的指导性阅读小组时，学生被分成一组一组，按要求完成一系列的活动。但我很担心这些活动中是否包含了很多的画画（把这首诗誊写到你的诗歌本上；圈出有 ow 的单词；为这首诗配上一幅画）和抄写（根据长音 a 的拼写方式给 a 字母卡片分类，再把所有的卡片抄写到 ay 或 ai 的清单里），我也担心这些学习中心是否包括了毫不费劲的写作任务（画一幅画；为图画配一段说明文字）。很显然，如果教师不关注这些学习中心的话，学生几乎很难进行持续高效的学习。拼读中心、自主阅读中心以及写作中心都是阅读课程的重要组成部分，如果学生每天都在这些中心独立完成自己的学习任务，那么应该如何组织教学以保证这些任务之间的平衡？最后，如果学生在阅读时间段内重复做在这些中心里要完成的各种活动，那么他们什么时候能有长的、大段的时间进行阅读呢？

在我们的教室里，小学教师倾向于在上午的阅读时间带领一个指导性阅读小组。（高年级教师更倾向于上策略课——我随后说明——他们同时也带指导性阅读小组。）面对一些需要特殊支持的阅读者，许多教师会使用一天的其他时段（课前、课后等）进行额外辅导，把其中一些时间用到指导性阅读是常见的。

我们在带领一个指导性阅读小组的时候，如果有些学生能够继续完成那些我们已经直接、清晰地指导过的学习任务，这是有帮助的。对我们来说，这就意味着这些学生通常要进行独立阅读或者和同伴一起阅读。有时候所有的学生以回应小组的形式学习（我们称为读书俱乐部或读书角）。某些特定的时刻会让这样的小组变成指导性阅读小组。

◎ 在一节迷你课之后，当孩子散开进行独立阅读，一些老师会留下 4—6 个学生，进行一节指导性阅读课。

◎ 一旦个人或者同伴阅读顺利开始，我们就可以示意 2—3 组同伴来加入我们的读书角，进行指导性阅读。

◎ 当学生群体已经形成阅读中心或者读书俱乐部（见《如何设计阅读教学工作坊？》）后，我们就可以把这些小组当作指导性阅读小组开展指导工作。这些学生通常能力水平相当，而且他们已经共同进行了一些阅读。例如，如果阅读中心的一组学生选择研究爱德华·马歇尔的“福克斯”（*Fox*）系列作品中的人物福克斯，我们就可以进行指导性阅读教学，让这些学生开始阅读这一系列的图书。如果一个读书俱乐部正在一起阅读格雷·保尔森（Gray Paulsen）的书《短柄斧》（*Hatchet*），我们可能会提供一篇有关作者的文章，围绕这篇文章进行指导性阅读。

◎ 我们中的大部分人都会在课前、午餐时间或课后为阅读困难学生提供额外的帮助，主要以指导性阅读的方式进行。

◎ 我们有时会从社会研究或科学课程中选择一些非虚构类的短文来进行指导性阅读。

策略课：指导性阅读之外的另一种选择

当我想要帮助一群阅读者发展更多的技巧来运用某一特定的阅读策略时，我更倾向于把他们召集起来，围绕我为此特别挑选的文本，一起进行15分钟的教学。在策略课中，我首先会告诉学生我要教授的内容，把该节课与他们持续进行的学习联系起来（关联）。然后，我通常会借助我自己的阅读或某个孩子的阅读来展示娴熟阅读者所使用的策略（教学）。随后，我要求阅读者尝试应用这个策略，同时从旁观察他们的行为，并提供支持和指导（有支持的积极参与）。他们经常会去做一些独自一人无法完成的阅读任务。之后，我会根据我的观察进入第二个教学点，再让学生继续他们的独立阅读工作（联系）。我要求他们继续使用这一策略，并且计划在第二天或第三天与他们碰面。在第二天或第三天的策略课上，我们会先花些时间分享并讨论他们把该策略渗透到持续的阅读工作中的情况（跟进），然后告诉他们我的观察和要教授的内容（关联）……这个过程会不断循环下去。

在我眼中，这些策略课与迷你课很像。我开设的迷你课不会是“走马观花”式的，一天一个新策略。同样，我也会在不同的策略课上坚持贯彻一条思路。可能一群年轻人刚开始阅读章节图书，比如《平姬和雷克斯》(*Pinky and Rex*)，我发现他们的阅读因为专业词汇的干扰而停滞不前。他们能够重复阅读他们遇到的熟悉的、单音节的常见词汇，但当遇到守门员、角旗、裁判员、中世纪、格斗和盔甲之类的词汇时，他们的阅读准备工作就有所不足。对于这些阅读者，我会在策略课开始之前用一小段时间讲授词汇以取代导读。

最近，我对一组阅读者说：在他们更小的时候，他们通过读图来预测书中的情节会如何发展，但近来我注意到，在开始阅读之前他们一般不会去浏览一下整本书。“在某种程度上，这样做是有意义的，因为书里的图片不多，不是吗?”我说道，“并且图片也不能拼出故事的情节。”但是我随后解释说，图片能够提示书里出现了特别的主题或情境。“了解那些特别的主题或情境可以帮助你认识文中的难词。”我说。我向孩子们展示了一本书，以此阐释我的观点。这是一本讲述一只狗如何为一场表演秀做准备的书。“只要浏览下这本书，我就看出，书里可能会出现诸如打扮、剪刀和洗发精等词汇。”我说道。我要求一组学生浏览一组书，试着从图片中发现那些书中是否出现专业话题。其中一本是关于足球的，一本是关于恐龙的，还有一本是关于夏令营的。“当你浏览一本书并发现书里讲了一个特别的主题，”我说，“它有助于我们思考：‘我会在书里遇到哪些与这个主题相关的特别的词汇？’你可能需要向了解这个主题（比如恐龙、中世纪或足球）的人寻求帮助。”由于《平姬和雷克斯》这本书谈的是足球问题，我们通过头脑风暴，列出了学生觉得在书中会遇到的与足球有关的单词。然后阅读几页书，来看看这项针对单词的学习是否有用。“当你读到第九页时停一下，”我说，“然后往回看。把那些导致你阅读困难的单词都用便笺纸标记出来。然后我们一起进行讨论。”

在那天的策略课上，我的指导聚焦在帮助学生应用有关图书主题的知识来解决疑难单词上。那天在该环节结束时，我们的教学更深入了。在该环节的最后，孩子们纷纷打开自己独立阅读的图书，看看这些书是否使用了专业词汇。随后一天的策略课上，我一开始就问道：“在独立阅读时，你是否运用了那个策略？”学生们说：独立阅读的书中没有图片可以在预习时提供帮助是个问题。“那就是我今天想解决的问题。”我说道，然后给他们发了一篇关于宇航员的短篇故事（我并没有告诉他们这是今天的主题）。“这篇文章同样也没有图片。你和你的同伴一起试试看，是不是还能运用那个策略，去想象一些你可能会遇到的与主题相关的专有词汇?”

策略课可能感觉很像分组进行的迷你阅读工作坊。每一节策略课都要分配时间给迷你课、阅读、辅导和分享。在指导性阅读和策略课中，我们都对一小群阅读者进行了明确教学。因为指导性阅读时段的教学点一般来自阅读者在阅读文本时所遭遇的困难，指导性阅读的教学点经常是为阅读者提供一些在阅读时解决困难的策略。我很少看到教师在指导性阅读中教阅读者想象文本的世界，教他们把不同的文本联系起来形成自己的观点，教他们在阅读非虚构类文章时把能反映阅读者对书中重要思想理解的部分记录下来。在我们的教室里，教师更倾向于在策略课上，而不是在指导性阅读时段教授更高水平的理解技能。如今，我使用策略课来支持儿童如下方面的阅读工作。

◎ 对人物进行推理。文本不会直接指出人物是有个性特征的，但是作为阅读者，我们应该能根据人物的行为来推断他的个性特征。

◎ 总结和积累。如果文本讲述的是一个人物经历了一系列的磨难，阅读者需要尽量详细地复述出这些磨难，并且能指出：“在故事的前半部分，主人公面临了一个又一个挑战，但每次他都能凭自己的机智绝处逢生。”阅读者要能够看出隐藏在文本故事内容后面的中心思想。

◎ 理解人物所说的并不完全是真实的。我们要认识到，叙述者的评论只是代表个人的观点和看法，并不是客观事实。当哥哥因为妹妹要玩他的玩具而说妹妹“贪心”时，阅读者不能把妹妹贪心认定为事实。当一只狐狸告诉姜饼人爬上他的鼻子、待在那儿很安全时，我们希望阅读者知道不能信任狐狸。

即使对于入门阅读者，我们也常常选择策略课而不是指导性阅读。这就是说，以辅导某一特定的策略为目的，我们组织教学，尤其是当入门阅读者想用策略来解决文本中棘手的部分时，指导性阅读和策略课是很难区分的。凯茜·科林斯想帮助一组学生基于开头字母来辨识单词，当时她选择了“从 PM 开始”（*PM Starter*）[①] 丛书中的一本，书名叫《向下看》（*Looking Down*），是一本 C 级水平的书，全书遵循同一个句式，但每页的单词都会有所变化。书里的插图有些模糊不清。她知道学生需要借助图片和句式之外的信息来对单词做出判断。她通览了全书，预测了一些学生可能会遇到的困难，这就像她提前为指导性阅读做准备一样。例如，第一页写道：“我看到我的妈妈。她在擦车。（I can see my mom. She is cleaning the car.）”凯茜知道擦（cleaning）这个词对孩子来说有些困难，孩子们会不会把它读成洗（washing）呢？书的第二页中写道：“我看到我的爸爸。他在花园里挖土。我看到我的姐姐。她在读书。（I can see my dad. He is digging in the garden. I can see my sister. She is reading a book.）”。凯茜想知道孩子们会如何处理花园（garden）这个词，他们会通过看图把那个单词念成土（dirt）吗？凯茜把小组召集起来，像上指导性阅读课一样进行导读。“这本书叫《向下看》，是关于一个小女孩坐在树上观察家人行为的一本书。”

“她看起来像一个间谍。”丹尼尔说道。

“是的，有点像。”凯茜说着，并把书翻到第一页。她选择了以这一页为背景，教授当天的小组学习策略。“我们来看一下图片。你

① 一套澳大利亚的分级阅读书。

们发现了什么?”

“小女孩在往下看她的妈妈。”萨布丽娜说。

“她的妈妈在洗车。”兰斯顿说。

“你知道，我和你想的一样，直到我看了单词。我刚开始是这样读的：‘我看到我的妈妈。她在洗（暂停）……’”

“嘿，那不应该是洗。”丹尼尔和安格莉卡异口同声地说。

“我也这么想。洗是以 w 开头的，但这个单词并不是。所以我又回过头再试了一遍。她在擦……擦车，会不会是擦车?”（凯茜把元音之前的所有辅音都隔开了，这就是单词的开头字母。我们这样做是为了符合学生的天性，用首音（onset）和尾音（rime）把单词分隔开，比如 f/ew, tr/y, b/ack。）

“是的。”所有的孩子都说。

“你要知道，在阅读时，你必须密切留意单词的前几个字母。有时你或许会认为单词是这样的，比如你以为是“洗”（washing），但是在你仔细观察单词后就会发现，它可能是“擦”（cleaning）。你们能做到吗?”

孩子们信心十足。凯茜把书分发下去，然后穿梭在他们中间，停在每个学生身旁听他们小声地阅读。她走到丹尼尔旁边时，丹尼尔正读到“我看到我的爸爸。他在挖土。（He is digging the dirt.）”，在翻页之前他停了一秒。凯茜指着花园（garden）问：“那个词是土（dirt）吗?”她问的时候眼睛一直盯着那页。

“哎呀，”丹尼尔说，“土（dirt）是以另一个字母开头的。”

“好吧，让我们重来一遍。他在……”

“他在花……园里挖土（He is digging the /g/ /gar/ /garden/）。”丹

尼尔这次读了出来。

“我读到了这页（我看到我的姐姐。她在看书。），”安格莉卡对凯茜说，“我原本以为还是在讲她的妈妈，但这个单词不是妈妈（mom），所以我读成了姐姐，它确实是姐姐。”

“哇，安格莉卡，你不仅看了图片，而且还用心地看了单词。这非常有用。”

“是的，因为书上写着：‘我看到我的姐姐。’不是妈妈。她正在看书。”

“干得漂亮，继续努力。”

同时，兰斯顿似乎遇到了问题。他在用心地看关于爷爷的那一页，上面写着：“我看到我的爷爷。他在打扫小路。（I can see my grandfather. He is sweeping the path.）”然后他指着小路（path）这个词补充说：“我卡在这个单词上了。”凯茜看了那个单词之后，等他继续说下去。

“我想这是人行道（sidewalk），但这不可能。因为这个单词是以p开头的，并且‘人行道’是一个长单词。”兰斯顿告诉凯茜。

“想得很好，兰斯顿。让我们试试别的词。小路（path）行不行？放在这里合适吗？”凯茜问道。

“他在打扫小路。”兰斯顿读道，“是的，这是小路，一定是小路。”

当小组成员重新集合到一起时，凯茜说：“我简直无法相信你们用了多少次看单词开头这一策略。在这一页，丹尼尔原本认为这个单词是土（dirt），但他知道这不应该是土……”

“这是花园。”大家都喊了起来。萨布丽娜除外，她认为应该是地上（ground）。

“萨布丽娜，这是大胆的猜测。花园（garden）和地上（ground）都是以 g 开头，但地上是以 /gr/ 开头，发 /gr/ 的音。但书里是 /gar/ 而不是 /gr/。”凯茜在黑板上写下了 garden 和 ground。“当你自己一个人阅读时，我想让你确定一点，不要只用图片来帮助你阅读。今天，我们也把焦点放在单词上，注意单词的开头。晚上把这本书带回家，给大人重读一遍。明天我们将继续讨论你是否利用字母阅读了。”凯茜把《向下看》都发给了大家。

在策略课和指导性阅读之间做选择

医生、建筑师和技工要用特殊的工具来实现特定的目的，同样，阅读教师也需要在众多可利用的工具中做出选择。我的同事和我发现，我们需要频繁地在带领指导性阅读小组和策略课之间进行选择。这两者之间虽然有相似之处，但差别也非常明显。

指导性阅读小组	策略课
我们召集一组学生，他们能阅读相同水平的文本。	我们召集一组学生，他们能从相似的策略中获益，能基于我们挑选的共享文本进行学习（可能轻松完成，也可能在我们的支持下完成）。如果我们要教学生做笔记的策略，选择的文本可能对有些学生来说有点难，可能对其他学生则很容易，但所有的学生都必须完成阅读，而且都要得到与做笔记相关的帮助。

续表

指导性阅读小组	策略课
这一组阅读者通常应对某一有挑战的文本。小组今天和明天读的文本并不同。	文本选择的标准是它能帮助学生发展和练习某一阅读策略。比如，如果策略涉及有感情地阅读，那么文本内容可能是简单的。换句话说，难度可能不是聚焦于通过阅读有难度的文本来解决单词问题，而是专心于用一个简单的文本来进行一些富有挑战的阅读学习。前后两节策略课之间的关系往往是让学生逐渐提高阅读的独立性和熟练程度，而未必是提高文本的难度。
指导性阅读一开始是教师进行导读，概括文章内容,并在生词方面帮助学生。	教师要不要进行导读，要不要介绍生词，以帮助学生进行阅读，不仅取决于文本的难度，而且取决于策略课的聚焦点。比如，学生可能在重读一篇熟悉的文本，或者他们可能正在学习如何适应一篇不熟悉的文本，在这种情况下导读工作就没有必要。这时，策略课就不是以导读开始，而是对策略进行命名并教授这一策略（常常是对策略进行简短展示），然后就让学生尝试使用策略。策略课类似于迷你课。
教师在指导性阅读过程中观察学生阅读，并据此形成教学点。	教师进入策略课时已经确定好了教学点（我们称为“策略”）。最初的评估并不是在这节课上完成的，而是在此之前完成的。教师通过独立阅读、读书俱乐部、指导性阅读等观察学生，并借助更为正式的评估，然后根据确定的目标组织一系列的策略课。

续表

指导性阅读小组	策略课
教师直到指导性阅读的最后时段才会提出教学点。教学点是通过讨论来教的，在白板上做些简单的记录，期间要重新回到文本中有问题的部分。讲授完教学点，指导性阅读也就结束了，可能没有机会观察学生在阅读中如何运用该教学点所教授的内容。	教师以教授教学点开始策略课，然后展示这个策略，支持学生使用策略。观察学生在使用策略过程中的表现，对他们进行辅导，再根据自己的观察形成更多的教学点。就像一系列的迷你课一样，今天的策略课是明天策略课的基础。

策略课的变形

我所描述的策略课有两个重要的变形。首先，有时我们的策略课不要求每个学生为了学习共同的文本而将他们的独立阅读搁置一边。例如，如果我看见三年级的几个学生在阅读章节小说时用手指着书阅读，我可能把他们召集在一起，告诉他们我的发现，并建议他们在阅读中摆脱用手指着单词的做法，我还会要求他们继续阅读自己的书，只是这次不要再用手指做指引。我会观察他们的阅读状况，如果看到他们指读，或者开始用默读代替指读，我就会进行干预。几分钟后，我会要求他们谈谈不用手指阅读的感受。这个小组存在不了多长时间就会解散。同样，如果我的策略课是要帮助阅读者在阅读之前定位文本，或是在阅读时做预测，我就可能要求他们使用自己的独立阅读图书练习这些策略。

策略课的另一个常见变形是，有时我们的迷你课会变成全班的策略课。最近我就带了一个全班的策略课，目的是鼓励学生在阅读非虚构类文本时去阅读里面的图表。这些四年级学生已经花了一个月的时间在独立阅读课去阅读自己选择的非虚构类图书。我用投影仪放大了一个非虚构类文本，在阅读时说出我的思考，学生要观察我所运用的策略，然后再对他们观察到的策略进行命名和反思。之后我要求学生继续阅读文本，两人一组进行阅读，其中一个学生像我一样说出了自己的思考，另一个则去探究该阅读者使用的策略。很快我就让学生带着学到的方法，重新回去继续独立阅读他们的非虚构类图书，特别关注书中的图表。

那天我穿梭在阅读者之间，清楚地意识到这里面有一些阅读者在阅读图表时需要额外的帮助。于是我召集了一些相似的阅读者组成小组，就我选择的一篇文本进行小组阅读。我先进行了导读，并让他们预习了将要阅读的文本中的难词和概念。然后我组织了讨论，进行了示范，并邀请学生和我一起读一个图表。我是在带领一个指导性阅读小组还是策略课，或者两者兼有？有时候我无法对这两者进行明确的区分。最终我只能耸耸肩："好吧。不管怎么说，这都是一种很好的教学。"当然，这就是关键所在。

第五章

小学低年级的拼读和词汇研究

在大班开学的第四天，勒妮·迪纳斯坦老师的学生已经知道 329 教室是他们的生活中心。329 教室门口摆着一块欢迎板，上面写满学生的名字；塑料桶变成了学生的私人物品柜；牛奶盒变成了私人邮箱；还有最妙的，小文件夹变成了他们的作文档案袋。学生的名字刻在荣誉墙（Proud Wall）上，下面贴了他们自己的绘画、照片、地图等作品。迄今为止，孩子们已经十分熟悉他们的名字，还一起用自己的名字做儿歌游戏等。现在是时候启动这一年（甚至这一生）的“热爱字母、发音、词汇”的工作了。对勒妮来说，让孩子学习名字无疑是最直接、最受欢迎的开始了。

在大班教授学生单词

受坎宁安的书的启发，勒妮让孩子们围成一个圈，每人发一张名牌，有关“闪亮的名字”（star names）的单元学习就开始了。“我要给你们每人一个非常特别的词。当你拿到自己的词后，先自己读一下，再读给你旁边的人听。”勒妮说。一分钟后，勒妮打断了孩子们的讨论，说：“举起你漂亮的名牌。”勒妮把自己的名牌放到下巴下面，看着孩子们跟着她一起做动作。“好好看看它们!”然后，勒妮表现得像孩子一样，叫道：“等一下！维多利亚，哇，你的名字好长啊!”

“埃文的名字也是！你说得对，她的也很长。”勒妮说道。很快，埃文、维多利亚就举着自己的名牌站在勒妮旁边。教室里响起了嗡嗡的声音，孩子们指着埃文和维多利亚的名字开始数字母。“我的很少!”尼尔斯说道。全班同学惊叹着说：“是啊。”事实上，尼尔斯的名字确实比埃文和维多利亚的要短得多。于是勒妮要求全班同学分成小组，相互看看名字，并用几分钟时间讨论下他们的发现。不久以后，勒妮以“一个特别的理由”收起了所有的名牌。

第二天，“闪亮的名字”这一常规活动在课的一开始就点燃了孩子的热情。所有的孩子屏住呼吸，注视着勒妮从篮筐中抽出一个名字（勒妮欣然承认，她偷偷瞥了一眼篮筐以确保不会抽到一些特别不规则的名字，比如克洛艾和蓬尼西娅等。这些名字留到这一单元的后面部分再处理）。勒妮举起她抽到的名字，每个孩子都盯着它想：“是我吗?”

“看，这是J（/J/）开头的名字。”勒妮指着雅各布名字上的“J”字母说道。“名字中有J的同学请站起来。”看起来纽约的孩子们常常以J作为名字的首字母。很快，朱尼珀（Juniper）、若尔迪（Jordy）、贾斯明（Jazmine）、约翰（John）、詹姆斯（James）和雅各布（Jacob）都站了起来。“这个名字是J开头的，”勒妮指着她那天写的名牌说道，“所以，这可能是朱尼珀（Juniper）、若尔迪（Jordy）、贾斯明（Jazmine）、约翰（John）、詹姆斯（James），但是它读作……”

这时，雅各布已经非常确信这是自己的名字。“雅各布!”他宣布，然后结束了老师的话。勒妮点着头说："确实读作雅各布。"

"雅各布，你能不能过来坐在'闪亮的名字'的椅子上？"勒妮一边在一张用纸剪成的紫色星星上写下"雅各布"（Jacob），一边大声地念出字母。有些孩子和她一起念。不久以后，班上的这些小朋友都会在勒妮写下"闪亮的名字"时大声说出字母。但是现在，这个简单的常规活动还面临着不少挑战。勒妮把紫色星星别在雅各布的身上，星星看起来就像一枚荣誉勋章，他戴了一整天。

"让我们来念一下这个名字。"勒妮说道。她指着星星上的名字，全班唱读着"雅各布"（Jacob）。然后勒妮又指着从书包上取下来的名牌，全班再次念着"雅各布"。很快，全班同学就边念名字边打着节拍（两个音节构成了两个节拍）。他们数出了字母（五个）并念出了每个字母，而且聚在一起观察这些字母。今天是这个活动的第一天，有一个孩子注意到字母 c 长得很像字母 o，只是少了一边。塔拉指出雅各布的名字中有一个 a。勒妮引导她进一步观察，她又指出她的名字和雅各布的名字一样都有一个 a。

虽然这些发现都非常简单，但对大班的孩子来说，进行这样的学习很重要。一旦孩子们知道了字母，他们就在很大程度上熟悉了这些字母的发音。随着时间的推移，在"闪亮的名字"游戏中观察字母的环节就会变得越来越复杂。在讨论区，所有孩子的名字都挂在靠近勒妮的墙上，不久以后，勒妮可能会回应塔拉的发现，突出雅各布中的字母 a。她可能说道："还有别的名字里有 a 吗？你能听到 /a/ 的发音吗？让我们一起来念：雅各布（Jacob）、埃米（Amy）、詹姆斯（James）。但是塔拉（Tara）听起来不一样，是不是？所以，a 有不同的发音。"

在孩子们注意到雅各布这个名字的一些特征后，勒妮拿走大名牌，把名牌上的字母一个个剪开，然后把这些字母交给五个孩子拿着，每个孩子拿一个字母。这些孩子跺着脚，骄傲地举着字母，胡乱排成一行。从左到右，这些字母构成了 cobJa。“看起来怎么样？”勒妮问道，“雅各布，过来说说你怎么看。”雅各布转过来，看着队伍说道：“不好。”

勒妮指着她在大纸上拼写的正确的名字，假装抗议道：“为什么不好？我们不是有了一个 J？”

队伍中第四位举着 J 的小朋友摇了摇她手中的字母。

“一个 a？”举着 a 字母的小朋友也跟着摇了摇。

“他们乱成一团了。”雅各布说道。很快，有个学生站了出来，她快速地瞥了一眼大纸上的名字，然后按照正确的字母顺序将她的朋友们重新排序。雅各布仍然站在圈子的外边，看着新的队形，点了点头表示通过。

“准备好念名字了吗？”勒妮问道。然后，“一，二，三，雅各布！！！”她带着全班像啦啦队一样欢呼着。全班同学一遍又一遍地喊着名字，还伴随着欢呼声。当欢呼声第三次响起的时候，举着字母的同学像在庆祝一样高高举起了字母。整个教室都被雅各布的名字包围了！

“闪亮的名字”活动的下一个环节是全班同学采访小明星。在勒妮的班上，她和孩子们总是问扮演小明星的孩子两个同样的问题。（这个方法避免了时间的浪费。通常，每个孩子在思考“我要问什么”这个问题时会拖上 20 分钟。）因为问题总是常规性的，勒妮不断积累答案，就能把全班的答案编成一本大书。我们完全可以想象这会是非常棒的一本早期读物。雅各布被问到“你有宠物吗?”“你喜欢画什么?”，全班同学看着勒妮在一张大纸上写下雅各布的答案：雅各布有一只仓鼠。他喜欢画他的兄弟。

接下来她说：“我们将停止活动，然后给雅各布画张像。仔细看看他。在画里你要加点什么细节吗?”

孩子们回到他们的桌边，开始画雅各布，并在作品上写下他和自己的名字。（勒妮并没有纠正他们那些写得颠来倒去、歪歪扭扭的字母，因为全班同学要学习的是词汇和字母的要点，而不是改正一个字母的书写。）几分钟后，她把作品都收了起来。那天稍晚的时候，勒妮把所有的作品放在一起加上封面，再附上雅各布的采访回答，把它们都订在一起，让小明星带回家。“我准备上床的时候读这个!”雅各布说。而勒妮笑着想：雅各布在看了自己的名字 26 遍之后，他会做一个好梦的。

在许多大班和一年级的教室里，在开学初的几周，这个活动每天都会重复进行，尽管细节上有所不同。如果教师能够迅速地回应孩子们的奇思妙想，这个工作的复杂性就会逐日增加。有人会注意到在雷蒙德（Raymond）和卡门（Carmen）两个名字中都有一个 m。一不小心（也可能是故意的），帕特（Pat）中的字母 p 飘落到地上。约翰看到剩下的字母，几乎是自言自语地念道：“at。”“同学们，听听约翰刚刚说了什么。”老师大声说着。很快，约翰站起来指着字母“at”念了出来。

“At?”老师重复着，对约翰的发现表示惊讶。“这简直像在‘that is amazing’里一样，Pat 的名字里有一个‘at’?”不久之后，全班同学都开始快乐地寻找其他包含着 Pat 名字中发音的单词，比如迈特

（mat）、赛特（sat）、帕特里克（Patrick）、帕蒂-凯克（patty-cake）和帕特恩（pattern）。

“闪亮的名字”活动完全可以成为大班拼读单元的核心活动，甚至可以成为一年级早期拼读单元的核心。还有一些研究单词的方法也很重要，但是我可以列举出一些理由说明我为什么特别赞成这种方法——它在勒妮·迪纳斯坦以及其他成千上万和她一样优秀的老师手中重新焕发出生机。

儿童的“重要词库”在不断添加新的单词，“闪亮的名字”活动完美地展示了帮助孩子熟悉这些单词的重要性。再没有比孩子自己的名字更加重要、与家庭生活更为密切相关的单词了。因此，在教授孩子字形、字音时，以研究名字为起点是非常符合逻辑的。但是，勒妮有关“闪亮的名字”教学的重要性，不仅在于她选择了一个非常熟悉的领域作为起点，为孩子们提供了一些对他们来说有意义的词汇，而且在于勒妮为拼读工作所打下的基调，与她所有教学工作的基调一样，让孩子们可以带着自己的活力、想法和生活体验来共同探索。

我希望学校能告诉孩子们：“欢迎来到学校。在这里，你们会像在家里一样自在。带着你的生活体验，带着你的想法和活力，加入这个世界吧。在这里，我们将一起度过一段非常愉快的时光，会一起探索各种各样非常酷的事情。在这里，字母和单词是我们将探索的最棒的事情之一。过来，看看这个单词。你们喜欢它吗?”我希望每个孩子都能够清晰地听到这一点，希望字母和单词能成为一个让我们去赞颂、探索、发现、讨论和放声大笑的理由，希望字母和单词能构成所在社区的一切。我们也有个性化的拼读学习，拼读学习确实能结合阅读和写作进行。我认为全班同学应该聚在一起，共同探索文字的奥秘。

在这一章的后面，我们还会探讨拼读教学的其他原则。儿童要有机会练习，才能形成对发音—字母的对应关系以及拼写规律的理解。当学生的作品也能成为他们阅读的资源时，学生才能进一步了解发音—字母的对应关系及拼写规律。

在我们思考了如何帮助大班学生理解拼读之后，当我们看到他们在写作中使用并扩展了这方面的知识时，我们才意识到这些原则在一年级教室里发挥了多大的作用。当然，对一年级的讨论将和大班密切相关，反之亦然。

为大班学生创造理解拼读规律的机会

在词汇研究时间，勒妮和大班学生从"闪亮的名字"活动一直发展到了庞大的ABC探索项目。实际上，勒妮从这一学年的开始就额外注重科学探索，为词汇研究工作奠定了基础。九月初，勒妮在探索桌上放置了许多精彩的野外科学标本（鸟巢、蚂蚁窝和岩石等），引导孩子们用探索者的眼光来观察这些宝贝，再用画笔详细地记录下这些观察，相互讨论彼此看到的图案以及产生的疑问。然后，在"闪亮的名字"学习开展了5—6周之后，勒妮把这些科学标本放在一边，对学生说："接下来我们对一些真正特别有趣的东西进行研究。"几天后，勒妮有了一个主意："我们来做字母表探索怎么样？"当然，这个主意看起来棒极了，令人无法抗拒。"如果我们要研究字母表的话，"她自言自语，"我们应该在桌子上摆上什么？"

一个孩子说他家里有一个ABC拼图，他很乐意带到学校来。另一个孩子想贡献一个字母印章和印章垫。还有几个孩子建议说，可以把数学中心的磁铁字母拿到字母探索桌上。“等一下!”勒妮看起来像被他们感染了，说：“我家里有一些我女儿以前用的字母蜡纸。你们觉得要不要一起放上来?”在接下来的几天里，孩子们带来了一些海绵做的字母、一台旧式家用打字机和一个初级拼字玩具。

当然，全班同学可能只是欣赏了这些展示的物品而没有学习到什么，所有的陈列品也可能对学生的大脑产生不了什么影响。因此探索的下一个环节就是让孩子们一起讨论这个问题：“我们能不能像研究鸟巢和蚂蚁窝一样研究字母表?”勒妮的孩子们已经把他们在科学调查中的见闻都记录下来做成了小画册，这个经验让他们很快就想到了一个主意：制作一本书来记录他们对字母表的观察。在勒妮的推动下，有一个小组很快就用收集的蜡纸、印章和图画等材料写出ABC。他们写了一个连写的c，一个具有装饰效果的卷曲的c和一个斜体c。许多孩子都制作了名字书，每一页写上名字中的一个字母，并画上以某个特别字母开头的单词的图。还有一个孩子则制作了一本集锦，有一页收集了所有带尾巴的字母，有一页收集了所有形状像通道的字母，还有一页则全是带肿块的字母[①]。也有一个孩子画了他能收集到的所有带M字母的单词的图。另外有个孩子给所有字母画上了脚和羽毛，把它们变成了动物。

最初，ABC探索是全班共同进行的项目。它就像一个微型工作坊，每天刚开始时，孩子们一起分享学习、使用这些字母的趣事，或是讨论某些特定的发音—字母对应的现象。然后，勒妮给孩子们预留

① 英文字母中，a、q等都是带尾巴的字母；h、u、n等属于带通道的字母；b、d等则是带肿块的字母。——译者注

了小组合作的时间，每个小组都专注于某一特别的主题。一个小组制作名字书，另一个小组给字母分类，比如分成带尾巴的字母和带肿块的字母，还有一个小组制作字母书，或利用磁铁字母或海绵字母来制作名字或其他的单词。勒妮的字母表研究为孩子们基于字母系统进行创造性学习提供了机会。在探索过程中，他们创造了很多任务，也有了很多发现。安博和保罗发现 a 和 g 有时候看起来截然不同。贾斯明和莉萨在拼字游戏中研究了孩子们的名字，结果发现大家的名字都没有 q 这个字母，而很多人的名字都以 J 开头。他们决定去别的大班看看，判断这是不是事实。

后来，ABC 探索变成了勒妮教室探索实践的众多活动之一。当一些孩子在玩"三只小猪"（The Three Little Pigs）游戏或者画画时，另一些孩子就进行字母表研究。因为勒妮课堂的探索时间（选修时间）通常会有一个助手或家长做助教，因此勒妮和他就会有一人加入字母表研究中。成人的加入会将这些精彩的讨论带到字母、发音、单词和语言等方面，但如果只是拿着字母表玩一玩也会让孩子们自得其乐。通过这种方式，勒妮在全班和小组研究中来回走动，引导孩子们，让他们像研究蚂蚁和虫子那样，以同样的好奇和敬畏之心来研读单词和字母。

ABC 探索项目说明了我们在拼读和词汇研究教学中的一个核心理念：儿童需要机会来积极建构对拼读的理解。我们不仅要教给孩子某一特定的系统（字母表），而且要引导他们用不同的方式来研究这个系统。这项工作会带来很多发现，甚至会影响一天中其他部分的学习。我们希望孩子们发现文字无处不在：希望他们注意到文具箱上的首字母，想想自己名字的首字母是什么；希望他们告诉玛丽索尔她的

M 就像麦当劳（McDonald）招牌上的金色拱桥；希望他们发现学校外面红色的“停止”（Stop）标志上也有一个萨姆（Sam）名字中的 S。

人们经常询问学习字母有没有最佳途径，答案是最容易学习的字母就是名字中的首字母。我通常用创设情境的方式教字母表，而不是按顺序依次教字母。但如果我要带领全班学生研究几个字母（这么做是有意义的，要知道孩子们在世界的每个角落都会看到和学到字母），而且我必须选择从一个字母开始，那么我会选择字母 M，它符合所有的要求。M 的读音包含了它的发音（不像 W 等字母），而且不需要学习其他音标（如要学习 K 或 T 等字母，就必须先发出元音，而不仅仅只有辅音本身），而且 M 的大小写看起来差不多。金色的拱门提醒我们所有人 M 的发音就是麦当劳（McDonald）的第一个发音。最棒的是，一旦学会了 M，孩子就会写出他 / 她生活中最重要的一些信息：妈妈（Mom）和我（Me）！学习字母意味着围绕特定的字母，逐渐积累起一个了不起的知识网络体系。每个字母都有其形状和名字，它可能有一到两种发音，可以有不同的写法（大小写、连写或印刷体），可以作为字母单独出现，也可以在单词中和其他字母一起出现。

对于勒妮以及其他与我共事的老师来说，以字母或词汇为中心的研究并不能取代独立阅读，在教师们领着一组组的学生进行指导性阅读的同时，让学生们进行独立的字母或词汇研究非同寻常。还有一点很重要，勒妮每天并没有花时间进行精细的拼读学习活动。相反，她引导孩子们进行各种各样的活动去研究字母，然后孩子们在这些活动中自行创新和即兴发挥。最妙的是，他们在这个过程中不断讨论、观察、整合、画画和书写字母并为字母进行分类。

不论是我描述的“闪亮的名字”还是 ABC 探索项目，都不是一成不变的。比如，勒妮做完“闪亮的名字”之后，就会采纳坎宁安的建议收集一些食物商标（如麦片盒、牛奶盒上的商标），然后带孩子们用这些食物商标开展各种学习活动。这些活动可以和孩子们的名字研究活动同时进行。孩子们也可以研究教室和校园中关于环境的文字。对于5岁的孩子来说，不论是研究自己的名字、食物的名字，还是研究周边环境中的字母用来学习正确拼写，这些材料都显得过于复杂。所以这些早期的工作不是要他们学会拼写。相反，它的设计意图是让孩子们沉浸在单词、字母、字母发音等的讨论中，促使他们在有意义的环境中开始认识这些单词。虽然5岁的孩子不会懂得“Cheerios”（麦片）中的“ch”连在一起是什么意思，但他会“读”麦片盒子上的商标，而且在别人的支持下他也发现这个标识包含了一些可以用来讨论的字母。他会注意到这些字母的特征。他会誊写这些字母。他会读出每个字母，数出字母的个数。“麦片”是个节奏感很强的单词（Cheer–i–os），这一点很容易感觉出来。但孩子们在念这些单词时，在他们读出字母并注意到字母的特征时，他们就逐渐建立了知识体系，为以后的阅读和写作打下了基础。不仅如此，他们也在学习，他们所处的这个世界充满了文字，这些文字具有丰富的意义，值得研究和关注。

从“闪亮的名字”和学习环境中学习词汇等可以引领孩子们学习各种有意义的、情境性的文字材料，这种学习并不是偶然发生的。在大班教室，我们并不急着从牛奶盒上把牛奶商标剪下来，也不急于从一首受人喜欢的诗歌中分解出一个个词汇，只是把它们像词汇墙上粘贴的那样按字母表顺序排列在一起。最起码在大班的前几个月，我们把麦片盒子放在粉笔盘里，带孩子们读上面的商标，但绝不会要求孩子们读单词，哪怕这个单词就在孩子们的常见词汇清单中。如果我们想要教孩子一个常见词汇，比如“妈妈”（这是一个非常好的常见词汇，因为它的意思对于孩子们而言是具体而真实的），第一次时我们会通过读物，如“妈妈在做饭，妈妈在开车……”来呈现这个单词。

有不少教师想让大班学生学习一些高频词汇，但我们不这样做，而是让他们在阅读的最初阶段一遍又一遍地出声朗读一本喜欢的书。孩子朗读这些故事和诗歌，会感觉特别愉快，进而学会了一些值得进一步学习的单词。谢丽尔·泰勒的大班学生最喜欢乔伊·考利的“洗刷刷太太”（*Mrs. Wishy Washy*）系列书，书中的一页写道：洗刷刷太太命令脏兮兮的动物们去洗澡。孩子们总是快乐地大声读着、表演着这个场景。他们特别喜欢这一句：“‘快到浴缸里。’她说。”他们复印了这一页，把这一页上的词归入个人熟词库，供写作时参考。有些教师把全班同学认识的单词收集起来制成大大的表格，并把它看成词汇墙的一部分。这些按字母顺序排列的高频词，是1—3年级的基础词汇，是老师们希望孩子们能够掌握的。但大班教师往往更喜欢把这些单词放到具体环境中让孩子们学习。比如，谢丽尔并不会把into（到……里面）、the（这个）、tub（澡盆）和you（你）等单词从“洗刷刷太太”最受学生欢迎的那一页中摘出来，把它们按字母表顺序挂到墙上。相反，她把那一整页都挂到墙上，包括插图和所有的文字。

通过写作帮助学生解决词汇问题

我们一直希望孩子们懂得，是字母赋予了词汇力量。因此，除了直接学习字母，孩子们还要在写作时使用词汇。“我们所有人都是作家，”九月中旬的一天，我对勒妮班上的孩子们说，“在这个教室中的每一天，我们都要在纸上写下我们所做的、喜欢的和想要知道的。”为了证明这一点，我在画架的大纸上画了我的狗塔克（Tucker）。在画的时候，就像我的脑海中突然冒出个想法一样，我说道：“塔克在森林里迷路了。”于是我在纸上又画了一棵树。“我得去找它。”说着我又在纸上画了我。“现在我最好写下塔克的名字。”我在全班同学的注视下轻轻地重复着这个名字，听着它的发音：“Tucker，Tucker，/T/–ucker。”我把 /T/ 的发音单独念了出来。孩子们看着我，知道我在思考。“那么，/T/ 该怎么写呢?”通常这个时候孩子们会插话建议我写字母 T，但今天他们都很安静。我看了一眼墙上孩子们的名单，说道：“等一下！/T/ucker，/T/omas！它们听起来是一样的。我得写个 T。”然后我又说道：“但它不是汤姆斯（Tomas），我要写出更多的字母。”不久之后（参照罗伯特的名字）我写了 Tkr。接下来，我在自己的画像上做了标记，写上了“我（me）”。

在大班写作工作坊的第一天，教师们将决定是否有必要写出单词的所有字母。塔克的名字我只留下了 Tkr（在第一次时使用小写字母，是因为孩子们在阅读中看到的主要是小写字母，我希望他们在写作时也用小写字母），因为我想展示根据听到的单词发音记录它的过程。在拉长 Tucker 的发音并记录之后，我开始命名画里的其他内容。我慢慢念着 me 和 sun，把孩子们可能听到的发音写到纸上。然后，我对全班同学说：“今天，你们所有人都要画一幅画，可以画你们喜欢做的事情，也可以画你所知道的。然后你们可以根据这幅画写作。”

我走到孩子们中间，帮助一些孩子使用文字命名他们的作品，并鼓励他们相互帮助。很快，孩子们就会这么说："格雷丝，你知道怎么拼写 gr 吗?"有时候孩子们因为合作而拼写错了，但如果他们慢慢地念着单词，像对待 gr 字母组合一样先把单词的字母串分割开，让字母和发音搭配，然后记录下字母，并重读自己所写的内容，接着念单词的其他部分，再慢慢说出接下来的字母串，那么他们做对的部分就会越来越多。

有些孩子在书面语言方面的经验还不够，他们不会使用押韵的单词，甚至不会把单词展开来念，不会听单词的开头和结尾，不会把发音分隔开，也不会记录下想要写的单词。不过，孩子们在"闪亮的名字"、互动式写作和共享阅读中所获取的经验不久会成为他们可以借鉴的资源。而在写作工作坊，孩子和同伴一起聆听、讨论他们所听到的单词的发音，这个经验对他们也很有帮助。当然，写作同时也可以帮助他们创作出好故事。一开始，我们可能得要求孩子们画图，让他们命名，然后再让孩子们说说自己的画，在上面添添补补。很快，他们就会在我们的帮助下说得更多，发现一页纸不足以表达自己，还得再订上更多的画纸。大班的孩子通常在一周之内开始想要创作书。尽管这时候他们还写不出单词，但他们会学到很多故事结构和语言使用的知识，懂得书是从前到后、从上到下阅读的。到十月上旬，我会希望所有的大班学生都使用他们掌握的字母知识来为自己的创作命名。很快，我会在每个孩子的写作夹中放上全班同学的名单（和班级照片一起），供他们在拼写时参考［如用他们认识的托马斯（Tomas）来拼出塔克（Tucker）］。

勒妮班上的孩子们学习了几个月的字母之后，在他们写作时，勒妮就会给每个孩子一张字母表。这张表成了孩子们共享阅读的文本。

他们坐在一起大声唱读："A，苹果（apple）……"我们常把字母表分成三大块，这样它看起来不会那么令人畏惧。

在每天的写作工作坊时段，当面辅导个体学生的时候，我们会帮助他们把字母表当作资源来使用。开始时，我们帮助孩子听到单词的发音。"这是你的妈妈？"我们指着孩子的画问道："你能把它（mom）慢慢念出来吗？"

"Mmoooomm。"孩子回答道。

"你先听到哪个音？"我们问。孩子很快就在她的字母表上找到了发出 /m/ 音的字母。

"试着读下字母表的中间部分。"我们说。

所有这些——甚至把妈妈（mom）这个词展开慢慢读出来的任务——都是拼读教育极其重要的部分。研究者强调，在大班阶段，培养孩子的拼读意识非常重要。在听"mom"这个单词时，孩子们需要练习和帮助才能在开始时听到 /m/，在中间听到 /o/。曾经有个 5 岁的孩子问玛莎·霍恩："桑塔（Santa）怎么拼？"玛莎让孩子慢慢念出单词，听它的发音。"Sssaaanta，Sssannta。"小女孩回答道。

"你听到什么音了？"玛莎问她。小女孩轻轻地点着头，重复着"Sssanta"："我听到'ho，ho，ho'！"

每天在写作工作坊里写写画画，大班孩子们不仅逐渐能读出单词开头和结尾的辅音，还会用到少数的元音，来呈现他们听到的单词发音。孩子们写作的范例明显反映出他们在处理发音与字母的关系，掌握拼写规律、常见词汇和词语后缀时的知识和技巧。比如，乔斯的一篇作文就显示出了他具有很好的从上到下、从左到右的阅读方向意识；他书写时在大多数的单词之间留了距离。

乔斯已经掌握了一些高频词，比如我（I）、怎样（how）、做（do），但对有些词则一知半解（比如把 the 写成了 tha，把 say 写成了 sey）。他假设单词都是由一些辅音和一个元音组成的，并基本能分清每个字母的位置。他并不害怕写出些他在印刷文字中可能从未见过的单词（把 couch 写成了 cowt）。他开始使用单词后缀，不过他把 walk 的后缀 ed 写成了他听到的 t，把 doing 中的 ing 和 do 完全分开了。

在观察孩子们的写作时，有时我们觉得要分析他们这些错误的拼写背后所隐藏的逻辑非常困难。我的儿子埃文读二年级时写长单词写得一塌糊涂，直到我看到他拼“ridiculous”时，我才意识到他的问题。“Ridiculous,”他边念边快速写出他听到的主要发音（r–i–k–u–l–s），然后他发现字母还不够，于是再念两遍单词：“ridiculous, ridiculous。”现在可以往里面添加字母了，最后他拼出来的单词是“rikulsdicos”。从大班开始，我们必须一步步向孩子们展示练习拼写的步骤：把单词分解成几个组成部分，写出每个部分的字母，重读这些部分，再念出剩下的部分，最后记录下那些字母。

虽然埃文遇到的困难是因为无法分割长单词、复合单词造成的，但是孩子们在阅读时遇到的问题可能会截然相反。一些孩子会一个字母一个字母地读出单词的发音。如果一个孩子想读 train，他不是把单词读成 /tr/ 和 /ain/，而可能会读成 /t//r//a//i//n/。由于在念的时候把 /t/ 从整个单词中隔开，之后也是从左到右依次念字母发音，结果他把 /t/ 发成 /tah/，把 /r/ 发成 /rah/，最终整个单词听起来就像 tah–rah–ah–ih–nah 几个发音的混合体。可见，向孩子们展示解决单词问题需要的一系列灵活的策略非常有必要。首先，我们要看意思：“那个孩子坐着（某物）去城里。”在这句话里，我们知道孩子不认识的那个单词（某物）代表了一种交通工具。然后，我们通常要试着认出单词或单词的一部分。稍后我会说明我们如何帮助孩子在阅读和写作时利用拼写规律和单词串（word chunks）解决词汇问题，至于现在，这个例子已能充分说明，即使我们对这个单词没有视觉记忆，我们也常常认得单词中的单词串（train 这个单词中，我们可以看到 rain；在 routine 中，我们可以看到 tine）。重要的是阅读者要能思考："我了解的哪些知识可以帮助我学习这个单词?"我们也会借助对单词意义的了解来认识单词（electric、electricity 和 electrician 这些单词尽管读法不同，但基本意思相同，因此拼写非常相似）。英语的音节并没有固定的规律；对语音的过度依赖是拼写困难和掌握单词困难的人的常见标识。依赖语音拼写的人可能把 action 写成 aksion，把 always 拼成 allways。

在每天的写作工作坊里，孩子们全身心投入对发音—字母对应关系的学习中。很多学校过分担忧早期阅读问题，结果却集体忽略了写作工作坊，这多么讽刺（并让人难过）啊！和其他许多研究者一样，东贝（Dombey）和穆斯塔法（Moustafa）认为："在今天的大多数教室里，学习写作成为一种基本的方式，教师要帮助孩子们学习发音—字母对应关系，学习英语如何根据发音规律演变出千变万化的拼写规律。"在写作工作坊里，孩子们可以把单词分开，把音符串隔开，然后把一个单词的发音与另一个单词的发音联系起来，接着他们再搜寻记忆库、字母表、单词墙，把字母和发音联系起来。一旦识别了文字中的音符串，他们会重读自己所写的字母，继续添加必要的字母。要不是写作课上还要完成许多其他任务，写作工作坊都可以更名为"拼读工作坊"了。

除了写作工作坊，我们也会为大班和一年级学生设计一些非常简短的互动式写作活动。它们可以是主题研究（或社会研究）的一部分，也可以是教室常规生活的一部分。最近，我对一群大班孩子说："孩子们，我想今天我们可以为教室中的各个角落写上标签。""我们可以在这里写什么?"我指着颜料（paints）问。"paints!"孩子们异口同声地回答。"好的!"我说，"让我们写出这个单词。"然后我像在一大块画纸上彩排一样："paints!"我一遍又一遍地将手从左移到右，像在构思如何写这个单词。"paints。"我念着，全班同学都一起念。"萨拉，我们从哪儿开始写?"正当萨拉踮起脚尖，指着纸左上方的角落时，我对全班同学说："指出我们要开始写的地方。"我之所以让萨拉和其他学生回答"从哪儿开始写"的问题，只是因为我发现对班上接近 1/3 的学生来说这仍然是个问题。接下来的几周，大多数的孩子就不再需要我们说明"从哪儿开始写"的问题。

现在，我重复着 paints 这个单词，孩子们跟着我一起念。"Paints。你们先听到哪个音?"许多孩子都举着手要回答。"詹姆斯，你能帮帮大家吗?"同时，我对其他同学说，"告诉你的同桌：谁的名字是 /P/aints 打头的?"当孩子们低声说"彼得"（Peter）时，我快速向詹姆斯重复，他正准备拿马克笔。"Paints，"他说，"就像彼得一样。"我问他："你能指出彼得的名字吗?"学生的名字总是非常显眼地挂在画架旁边。詹姆斯正确地指出彼得的名字，并写出 p。詹姆斯回到座位上后，我对全班同学说："我们来念目前写出的字母。"念完 p 后，我请艾瑞尔帮我们写出接下来的发音 /a/。她正要动手，我问道："大写还是小写?"以此来提醒她。然后我看着全班同学，说大家一起念：pa。这回我简单地写出了接下来的两个字母，这样单词就变成了 pain。然后再请约翰写出字母 t，全班同学同时用手指在地毯上"写"出该字母。约翰写了一个大写 T，我告诉他对了一半，又请别的同学来帮忙。我们用修正带把 T 改成了小写 t。我们又以相似的方法写好了 s。这种互动式写作写出了正确的文本。盖伊·苏·平内尔认为，这种方式让文本成了更好的阅读材料。教师常常会写出一部分字母（正如我教孩子们写单词 paint）；如果单词超过了孩子们掌握的范围，教师还会写出整个单词。一旦孩子们熟悉了书写，教师就不再填写文本中有难度的部分。相反，他们会写出其中简单的部分，这样就不用进行讨论，可以加快学习速度。在特定的一天，我可能命名教室的两个区域，或者写出感谢信上的开头两句："亲爱的吉姆，谢谢你的蛋糕。我们很喜欢。"两句话的互动式写作通常包含了许多部分的教学，超出了孩子们能集中注意力的时间，因此，我建议互动式写作安排在 10 分钟以内。

一年级大部分重要单词都是高频词

我们必须意识到一点，即孩子们在阅读和写作过程中遇到的单词，大约 50% 都可以在一百个常用单词中找到。而且，许多研究者认为，那些在阅读和写作方面发展很好的孩子，在一年级结束时，通常看似"就是知道"一百个高频词的绝大部分。阅读发展好的孩子在文本中看到这些单词时，可以轻松地认出这些单词，并自动拼写出很多单词（除了极少数的）。还有一点值得注意，即孩子们在学习阅读的时候，如果懂得一些高频词，会有助于处理一行行的文字。伴随着一行行的阅读，他们会赋予文字以意义，以巩固自己的理解。同时，研究者还发现，孩子们有关如何阅读常见词汇的知识，能够解释为什么他们能正确读出 95% 的不常见词汇。

我想我上面的这些观点并不会引发特别的争议。但是，该用怎样的教学手段来教这些高频词仍存在着争议。有些人认为，教师应该使用识字卡或其他活动来训练孩子，这样他们会逐渐通过视觉记忆来快速、不分场合地识别出这些高频词。还有人认为，这些单词之所以被称为高频词，是因为它们常常出现在各种文本中，我们在阅读和写作时很容易碰到它们。在一年级时经常进行阅读和写作的孩子，因为经常使用这些单词而逐渐记住了它们。因此他们建议我们应该根据实际需要来教授个别学生或整个班级的学生高频词。

我认为第二种方法更有合理性。我们知道孩子们为了真实的目的而应用语言时，语言学习的效果最好。比如，我们知道单词在故事中比在单词表中更容易被掌握。在孩子们阅读这些或有趣，或悲伤，或让人难忘的文本的时候，为什么不让他们学习这些高频词呢?

然而，我们中的许多人都已经看到，在一年级教室里，孩子们共同阅读了喜欢的图书和诗歌，一起撰写自己的故事，每个人都指望他们将会因此逐渐认识并最终拼写出高频词，但事实并非如此。之后，我们中又有许多人反对这种做法，而是建议每天用一小段的时间——一天不超过 10 分钟——组织学生集体学习少量的高频词。

这种教学通常是围绕所谓的“单词墙”进行的。教师发现，孩子们——特别是 1—2 年级的孩子——在阅读和写作过程中已经使用了某些高频词，并认为只要对此给予额外的关注，孩子们将很快形成对这些单词的自动掌握能力。他们唤起孩子们对这些单词（一次几个）的注意，然后把它们按字母顺序贴到墙上，作为孩子们阅读和写作的资源，这些资源还在不断增加。在介绍这些高频词并将其贴到墙上的时候，一些教师会说：“从今天起，你们要在读到这些单词时能认出它们，并在写作时能正确地拼写出来。”我们要在一天内向全班同学介绍一个高频词，用几分钟来进行练习，并希望同学们从这一天起总能正确地拼出单词，这么想可能不太现实。但如果我们在往墙上添加单词时说“从今天起，我们要花额外的几分钟来正确拼写这个单词”，孩子们就会在反复遇到这些单词时给予特别关注，督促自己调整拼写直到正确为止。这样，他们就会越来越注意按照规则去拼写。换言之，如果我要教贴在单词墙上的高频词，那么我还是希望孩子们在真实情境中进行学习。我还希望学习不是在 5—10 分钟内完成，而是贯穿在持续的阅读和写作过程中，把单词墙作为帮助孩子们记忆和使用拼写规则的工具。

一年级开始的时候，我只让他们学少数几个单词，因为我的第一个任务是让孩子们充分认识学习单词的重要性。我可能会在一开始问学生是否有一些他们“就是知道”的单词，或者说他们能凭记忆读写出来的单词。在迷你课上，我告诉学生：“你们知道，有些词我们就是会，就像我们的名字。不管名字是长是短，你都会念自己的名字，你闭着眼睛都能拼写出来。是不是还有一些单词就像名字一样？”很快，全班同学就列了一个清单，大约包括我（I、me）、妈妈（mom）、去（go）等单词在内的 7 个高频词。这些是多数孩子已经知道的，我们把它们按字母排序，贴在单词墙上。每周我们都会往这个墙上添上几个单词。

一天，莉萨·里珀格在可擦写板上写上了每个（every）一词。“我选这个单词，是因为我们每天都要写它。”她说，“大家仔细看看它，你发现了什么？花几秒钟想想看。”莉萨每周都要进行几次这样的教学，因此学生对每次学一个新单词非常熟悉，学习效率很高。

丹尼尔说:“我妈妈叫伊芙(Eve),就是单词的前半部分。”

“它有元音字母。”切尔西说。但莉萨让她说得更明确一些。“它以 e 开头,中间也有 e。”

“我在里面看到 very,”杰西补充道,“还有 ever。”在孩子们分享自己观察的时候,莉萨就按他们说的在单词的这部分字母下面画线,如在 every 下画出 eve,或者把字母盖住,如在杰西提到 very 时把 e 盖住。

“你们知道我发现了什么?”莉萨对学生说,“我看到里面藏着 er,er 可以组成很多单词,比如十一月(November)、信(letter)、妈妈(mother)……”同学们开始复述其他有 er 的单词,因此莉萨告诉他们:“如果你对这个单词还有些别的发现或想法,告诉你的伙伴吧。”全班同学都动了起来,这时几个孩子站起来把可擦写板、马克笔和面巾纸发到每个孩子手上,准备拼写 every。

“好的,让我们准备学习这个单词,这样我们在写作或阅读时,就能凭记忆认出它。”莉萨说:“看看这个单词,好,现在闭上眼睛。谁能在闭眼的时候拼出它呢?”莉萨让 8 个孩子每人拼了一遍。“E–v–e–r–y。”让孩子接力拼写的好处是每个轮到的孩子都会拼得越来越快。“其他同学大声地把它拼出来。”莉萨对学生们说。25 个孩子齐声拼出了“every”,大部分孩子还闭着眼睛。“好的,准备好,”莉萨说,“拿出马克笔。看这边,看着单词。”每个孩子都熟悉了这个流程。

“念出单词。”

“Every!!!”

“拼出单词。”

“E–v–e–r–y!”

“好的，写出单词!”莉萨擦掉她写在可擦写板上的单词。孩子们立刻在自己的可擦写板上写下单词，并举起来展示。

同时，莉萨也和学生们一起在自己的可擦写板上写下了 every。她把可擦写板举起来，让孩子们看：“好了，检查一下。”孩子们对照着莉萨写的单词，又看看自己写的，以此来确认自己是否写对了。

“擦掉单词，现在让我们再看一遍这个单词。”

学生们连续、快速地重复了三遍这个过程，一共花了 4 分钟。

针对有些单词可以进行更深入的学习，这个时候就有必要延长课时。在 every 这个例子中，莉萨想让学生了解 every 单词家族（word、family）中的其他词汇。“你们知道吗？every 有一个单词家族，如果学会 every，你就会读写其他的单词了。”全班同学一起列出了 everywhere、everybody、everyone 和 everything。

其他一些常用的高频词，比如 said，并不能进行这样的拓展学习。但是 every 和 each 之类的单词，可以教给孩子们很多与拼写规律相关的知识。当莉萨带着学生研究 each 时，他们懂得了：如果你会拼读 each，你就会利用已有的知识拼出 teach、beach、reach、peach 和 teacher 等诸如此类的单词。

还有其他一些途径可以帮助孩子们提高拼读单词的能力，掌握常见词汇。

◎ 在写作工作坊中停下来，提醒学生：他们必须正确拼出单词墙上的和其他一些他们“就是知道”的单词。我们这样告诉孩子：“和你们的小伙伴一起检查一下你们写的，确定拼写没有任何问题。”

◎ 如果每周一在单词墙上添加新词，我们就会复制一份在单词墙上积累下来的单词表，重点突出新增的单词，并让孩子将这份单词表带回家。我们对孩子们说："利用好这个便携式的单词表，希望你们正确拼出墙上的每个单词。"

◎ 要求孩子在去体育馆之前用很小的字体写出一个单词（如 in、yes、she、or、because、where 和 again 等），或者让他们在放学离开前书空单词，或者小声地把它拼给三个朋友听，或者把它藏在画作里不容易被发现的地方，或者把它放在口袋里，或者教会一个朋友拼写。

◎ 让孩子重读之前的写作，看看是否有些地方他们可以用新学会的常见词汇（或某些特定的词汇）进行修改。

◎ 坐在阅读的孩子旁边，提醒她说，她将要读的这个故事里，会出现 1—2 个她已经学会的高频词。"你在这一页会再次看到 she 这个词，"我们说道，"你现在看到了吗？把它指出来。对极了。记住，不管你什么时候看到 s–h–e，它都读作 she。"我们甚至还可以说："让我们把书往前翻，找找看还有没有这个词。是的，就是它！怎么读呢？是的，she。无论什么时候看到 s–h–e，它都读作 she。"

就像勒妮的"闪亮的名字"教学一样，拼写工作也是从那些孩子们知道的、生活中常见的内容开始。还有一点同样重要，即教学结束后，学习并没有因此停止，因为孩子们习得了一个自我生成的系统，有助于他们持续不断地学习。

为一年级学生创造理解拼写规律的机会

一旦孩子们掌握了一小部分单词，下一步的工作就变得轻松了：他们知道的知识让他们拥有了构词能力（word power）。磨刀不误砍柴工，这和勒妮的“闪亮的名字”活动有异曲同工之处，“闪亮的名字”帮助孩子们在ABC探索中学会了如何独立地探究字母。对莉萨·里珀格、凯茜·科林斯和他们的一年级学生来说，他们直接研究单词的活动通常包括5—10分钟学习一个新的高频词，还包括5—10分钟探索拼写规律以及如何在阅读和写作过程中利用这些知识等内容。一旦孩子们掌握了一小部分高频词，他们就能学会其他一些包含了同样经常使用的字母串的单词。因此，莉萨告诉她的学生：“我们从单词墙上的这些单词——at和like——开始学习，因为它们能赋予我们力量来学习别的单词。”

110个高频词中，大约半数单词的构词符合了这个高效的规律。坎宁安和黛安·斯诺鲍尔鼓励教师抓住这些具有生成能力的单词。例如，at有助于拼写，我们就可以将相关的单词列在清单里。但在阅读和写作过程中，学生很少会想起要制作“at”词汇清单。那么，坎宁安建议我们对学生说：“如果埃文知道at这个词，他想用它来写‘我在牙科诊所里坐了很长时间（I sat at the dentist’s for a long time）’，at可以帮他拼出哪个单词呢？如果他要写‘我把睡袋铺平然后再卷起来（I lay my sleeping bag out flat and roll it up）’，at可以怎么帮到他呢？”这条建议很有用。

凯茜·科林斯在教室里发现埃默森在写一篇有关他的新自行车（bike）的故事，由此引发了他开展下面这个学习活动。在晨会上，凯茜说："同学们，你们猜发生了什么事？今天埃默森做了一件超酷的事情。他在写：'我骑着自行车（rode my bike）。'但是，他不会写"自行车"（bike）这个词。这是最酷的地方。我看到他是这么做的。"凯茜写下"I rode b..."然后停下来。"自行车（Bike）。"凯茜像埃默森一样喃喃自语，"自行车（Bike）。"就这样，在我们的注视下，一个主意出现了："等下！Bike—Like。"凯茜（还在扮演埃默森）快速瞥了一眼单词墙，完成了拼写。

凯茜转向全班说："你们看！埃默森有了构词能力。他知道like，这让他有能力写出 bike。"

康纳大声说："hike（远足）也是这样写的。"

"等一下!"凯茜兴奋地站起来说。她在一张大白纸上写下：

like（喜欢）

bike（自行车）

hike（远足）

"这三个词出自同一个地方，那就是构词能力。"凯茜看着写出来的单词说。当然，这时候每个孩子都在自己的脑海中搜索，想找到别的词加到清单上。"你们要知道，如果你想到另一个有 -ike 的单词，就把它写到便笺纸上贴到清单这里。"这天放学时，清单上多了两张便笺纸，分别写着 mike 和 sike。

凯茜告诉学生，他们要像埃默森一样努力获取单词的力量。在接下来的两周内，凯茜每天花 10 分钟通过首音和尾音学习来培养学生构词能力。首音是一个单词的起始部分，由一个或多个辅音构成；尾音紧随其后，通常指由元音和最后的辅音组成的字符串。玛丽莲·亚当斯在《开始阅读》（*Beginning to Read*）一书中列出了 37 个尾音，他们组成了近500个初级词汇。凯茜并没有打算教授每一个尾音，她要做的是让学生注意到这一词汇生成系统。就在第二天，凯茜说："你们知道吗？我今天早上发现at能够帮助我们增强构词能力，有点像ike帮我们学会bike、like和hike，只要你知道at，你就会知道cat。"凯茜在白纸上裁了很窄的一条，在上面写下2个单词。她是这么写的：

-at

cat

"rat（老鼠）也是。"阿比盖尔说。

"好的，让我们添上rat。我该怎么写？"凯茜问。

"r-a-t。"孩子们七嘴八舌地说。

于是，全体学生七嘴八舌地说了各种各样的含有at的单词，一起列了一个清单：

-at

cat

rat

sat

hat

mat

"哇，太棒了。孩子们，检查一下。我敢打赌，还有更多的单词。只要你想到任何一个，就把它写在便笺纸上，添到这个单子里。"

当天放学时，纸条上贴了几张便笺纸。在大家收拾东西准备回家的时候，凯茜告诉学生，他们是非常棒的单词搜索员，又给清单上加上了fat、pat和that三个词。

选择从 -at 开始，凯茜是经过慎重考虑的。大多数孩子对单词 cat 都很熟悉，她觉得从这里入手会是一个能让所有学生轻松上路的方式。这项学习集体进行了两天之后，凯茜班上已经有了包括 -ot、-in、-un、-ate 等在内的各种清单。每天，凯茜都会花 5 分钟时间，让学生在宽松的氛围里完成更多的清单上列举的学习项目。“今天，你和你的阅读伙伴会不会找到含有 -op 的单词？越多越好。好的，开始吧。”她说完，班里就像被捅了的马蜂窝一样热闹起来。凯茜给每对小伙伴一张小纸条，让他们在上面记下单词。她在教室里边走边说：“哇喔，蒂娜和赞古到目前为止已经找到了 10 个单词了！”或者说：“嗯，莫莉和本找到了一个不错的词——plop（扑通声），具有声音的效果。还有别的同学想到这个词了吗？”

孩子们会争先恐后、尽可能多地列出他们会的单词，然后和其他组的同学进行对照。他们常常会因为一个独有单词是真的还是假的（无意义的）而争得面红耳赤。“你知道 blop 可以做一些东西的名字。”埃玛将整个身体横过桌子与其他组的同学争论，当时他们告诉她 blop 不算，因为它不是一个单词。

孩子们很快就把包含了尾音 op 的单词添到了清单上，比如 chopper、popcorn 和 operation。这时候辅音组合（blends and digraphs）的概念就自然而然地出现了。他们在组合清单时，会特别重视辅音组合。“哇，雷和塔莉娅写了 string！这是一个字母组合，s–t–r，/str/。还有人用辅音组合了吗？”

“我们也用了。bring！”蒂娜屏息着说。

“我们用了 thing！”保罗接着说。

整个活动过程中，凯茜和她的学生都认定一个事实，即一个简单的词能给予他们力量，帮助他们读出和写出许多其他的单词。孩子们开始提议研究单词家族。象棋能手瑞安向凯茜提出了这个教学建议。“你知道的，”他说，“对其他同学来说，-ook 体现的是一个很好的拼写规律。”

“为什么，瑞安？”凯茜严肃地问道。

“嗯，我正在写下棋的故事。但我不会拼 rook。这时我想起 book，它帮我想到只要把 b 换成 r，我就会写 rook 了。”

“多么棒的构词能力，瑞安。”

“哦，你也可以写出 book、look、took。”他补充道。

“Shook 呢，科林斯老师？”埃里克一直在旁听，这时插嘴问道。

“你们有了一个重大发现。”凯茜说道，她站起来走向其他孩子。在她离开后，瑞安他们又花了几秒钟的时间一起构思其他的单词。

就像勒妮的 ABC 探索项目没什么神秘之处一样，在让孩子们思考拼写规律的方式上，在让孩子们理解已学词汇将帮助他们学习未知词汇这个事实上，凯茜也没有故弄玄虚。比如，坎宁安在书里提出了许多给孩子们引进这些概念的方法。孩子们可以拿着可擦写板听老师的指令。“写出 at。”他们写完后再念一遍。“把单词 rat 中的一个字母改掉，变成 pat。”或者，可以给孩子们一些小小的字母卡来做这个活动，让他们不是通过写，而是通过移动字母来变换单词的结构。

教师对拼读学习活动的设计反映了他们对儿童最佳学习方式的认识。例如，不同于其他对语言和学习持有不同认识的教室，在凯茜的拼读教学中学生扮演了各种不同的角色。在凯茜的教室里，这些学生要对身边的拼读进行调查，还要相互合作探索拼读规律。在词汇研究时段，教室里充斥着“我有个想法……”“等下，让我们……”“这怎么和那个规律匹配?”之类的话。学生在一起进行着相关但不一定相同的活动，他们常常和小伙伴一起讨论学习。词汇学习活动中的师生关系及氛围与一天中其他的学习环节是一样的。

出于某些原因，相较于其他活动的设计，教师在拼读学习活动中减少了对学生合作的设计和对学生主动性的回应。我认识的一位资深教师遇到了一个特别难以管理的三年级班级，以至于她决定，不给学生提供选择或合作的机会。她的学生习惯了听从做什么、什么时候做等明确的要求，也习惯了在教师的监管下学习。至少在一段时间内，这个教师要按照旧的教育模式来教授阅读、写作和数学，虽然她并不情愿，但这确实是她深思熟虑后的选择。

无论属于上述哪种情况，重要的一点是，词汇学习都应该尽可能地可预测并且简单。有些教师在第一天使用白板教学，第二天强调同伴合作，第三天则用字母卡教学，我对这种做法持保留意见。一旦每天都采用不同的指导方式、材料，布置不同的任务，学生就不得不花更多的时间去熟悉教学安排，而不去思考单词中可以发现什么规律。但如果每天的教学安排是简明并且相同的，学生的注意力就不会放在那些复杂的不断变换的指导上，而是放在学习活动本身，放在他们共同研究语言规律时所发现的绝妙的想法上。

正如勒妮的ABC探索项目赋予学生发现和探索字母的机会一样，凯西有关首音和尾音学习的教学也让学生有机会通过可预测的全班合作学习和个人独立学习来理解构词系统。这再次说明了语言和词汇学习的第二个核心理念：只要学生有机会探索和理解我们的语言系统，他们就不可避免地有所发现并建立关联。他们也会在这个过程中学到如何成为一个学习者，如何进行学习，这些会让他们终身受益。

通过写作让一年级学生掌握词汇

在一年级，学生的词汇学习不仅包括学习常见词汇和拼写规律，还包括使用这些知识进行阅读和写作。通过迷你课，我们会教学生一些学习策略，用以解决阅读中所遭遇的困难。《如何设计阅读教学工作坊?》中对此有详细的讨论。在一节迷你课上，凯茜在白板上写下一句话：“蟒蛇用身体把猎物卷了起来（The python wraps itself around its prey）。”然后她说：“昨天，我看到保罗在读一本关于蛇的书。当他看到白板上的这个句子时，我发现他停了下来。他卡在卷（wraps）这个词上了。因为没有图片可以提供线索，所以他不得不思考什么词在这儿是有意义的并且思考他所了解的世界。保罗非常聪明，他想起写作（writing）这个词是以 wr- 开头，并发 /r/ 的音，所以他按这个方法试了一下。/rrr/aps——‘wraps!’他利用构词能力读出了卷（wraps）。今天，如果你们在阅读中遇到了困难的部分，试试用你们的构词能力来解决它。”在接下来大约一周的时间内，凯茜和学生分享了许多故事，都是关于如何利用单词的知识来进行阅读的。要特别指出的一点是，凯茜这个迷你课的目的并不是教学生学会 wr 这个字母组合，而是让学生懂得如何拓展对某个字母组合的理解来解决问题。凯茜可能会花上几周的时间集中让学生们理解他们正在进行的词汇学习是如何帮助他们进行阅读的。

写作工作坊里同样要进行词汇学习。在一年级的写作工作坊中，学生刚开始要画一些他们自己了解和关心的事物，并写出相应的文字说明。在莉萨·里珀格的一年级迷你课上，我会画上塔克，并说出我的思考：“我可以写‘我爱塔克（I love Tucker）’。”我喃喃自语，又摇摇头改变了想法："不，我要写得更详细些。"我回到图画上，在塔克的头上画了一个羽毛饰品。我一边画，一边自言自语："我喜欢塔克的羽毛饰品（I love Tucker's top knot of fur）。"在写这句话时，我把每个单词都拖长了来念。但是，在我写单词前，我可能会问学生："你们能研究下我拼写这些单词时用了哪些策略吗？我们稍后要讨论。"

"我（I），"我说，"我知道这个词。"然后，移到下一个单词，我又说："爱（love），我知道这个词。"然后，我又回过头，把手指放在写好的单词下面边读边画："I love——"现在我念出塔克这个词并低声说："我在哪儿见过这个词呢？"

虽然我已经教了很多有助于单词和单词串学习的方法，但是只选其中几个方法反复使用是比较明智的。就像阅读和写作工作坊一样，我们必须要确保我们的词汇学习经过慎重设计，以保持简明和可预测。这样课堂上的思考和创见才会不断发生，更加深入。我们希望学生可以预测并计算出全班和小组词汇学习如何一步步向前推进，而不是一味等待教师发出指令，如"今天我们要学习豆类的单词"；"今天我们要找到5个以S开头的单词"；"今天我们要用维多利亚（Victoria）名字中的字母组成新单词"；等等。学生总是充满创新精神，有各种各样的计划。只要精心设计词汇学习的形式和规则，使其足够简明且可预测，学生就会变成发明家、设计者和探险家。比如可以说："等一下！托里（Tori）的名字在维多利亚（Victoria）的名字里！也许还有其他名字会藏在别人的名字里！"。

有一次，我接儿子埃文回家，这让我突然意识到连贯的重要性。他第一次去某个特别的朋友家做客，回来后他告诉我："妈妈，他的玩具和我的都不一样。"

“有哪些不一样？”我问道，想听到他说出他的朋友有一些我不让他玩的玩具。但埃文和我的想法不同。

“他的玩具都是一次性的，而我的可以反复地玩。”埃文说道，“就像他有一些棋盘游戏。你可以把它拿出来玩，玩输了，就走开玩别的。你可以拼拼图，拼完了，就玩别的。我们有乐高玩具、微型机器和积木，你可以不停地玩，一遍又一遍，不断地改变玩法。”埃文和迈尔斯确实一遍又一遍地用乐高创造出不同时代背景的世界，建构出不同人物的身份，构思了详细的故事情节。今天，每当我想起勒妮、凯茜和其他教师闪亮的名字、高频词和拼写规律等的学习活动时，我清楚地意识到：这类学习活动具有一再重复的特点，已经产生了一种力量，让课程在精心设计的基础上保持简明和可预测，从而突出学生的思考。在学生知识能力增长的过程中，他们对名字中字母的看法和观察已经成为重要的事。日复一日，随着他们思维的不断发展，这些想法会变得更有层次，更加复杂。

第六章

讨论式的课程[①]

23 位一年级的学生围坐在一起，全神贯注地听校长莉迪娅朗读巴伯的《小尼诺的比萨店》(*Little Nino's Pizzeria*)。这是关于小男孩尼诺的故事。他在爸爸的比萨店里帮忙，这家店很受欢迎。后来，有些穿西装的人来到了比萨店，爸爸就关了店，成为一家连锁餐厅的经理。餐厅并不欢迎尼诺过去做事。故事的结局是，爸爸改变了主意，重新开起了比萨店，并用尼诺的名字做了店名。于是尼诺又可以到店里帮忙了。

莉迪娅在朗读的过程中，一次又一次地停下来，用疑惑的表情看看书，又看看学生们。每次停顿，莉迪娅都会请学生“说点什么”。她并没有问具体的问题，但她的表情好像在说：“嗯，我在思考这个故事呢。你呢？你是怎么想的？”当莉迪娅又一次在某一页停下来时，一个长着棕色大眼睛的小脸姑娘静静地站了起来，走到书边，指出书上有一个床头上刻着心形的小摇篮，而那个摇篮就被搁置在家

① A curriculum of talk.

里起居室的远处角落里。莉迪娅看着这颗“心”、摇篮和酣睡中的婴儿，说：“家里有一个小妹妹！你知道吗？我读了这么多次，从未注意到那个小妹妹！”

“就像我一样！”一个梳着马尾的小女孩宣称，“我爸爸只和我哥哥聊天。”

“是啊，”第三个孩子加入了讨论，“这本书里爸爸用儿子的名字做店名，而没用女儿的。”

“他也不和妈妈说话。”

“我家也一样，男孩子们总是管我们。”

“他应该和妈妈谈谈的。妈妈会告诉他不要去当连锁餐厅的经理。”

“我爸爸也这样。他总因为我是女孩而且年龄小就忽视我。”

这时候，坐在一旁的老师朝着莉迪娅无奈地摇摇头，悄悄地对莉迪娅说：“他们怎么就不知道这只是个故事！”

后来，莉迪娅和我回顾了这个老师的话：“这只是个故事。”这句话暗示着：“为什么要对一个故事较真？有什么必要？”但是，讲述故事、思考故事难道不是人类本性的一部分吗？在人类社会早期，人们通过故事解释地球、太阳、星星。在一代代的发展中，人类的父辈通过向年青一代讲述自己的生活故事，把年轻人聚集在一起。而宗教、科学、历史，这些不都是力图通过故事来传递意义的吗？我们大部分的生活、工作就是要抓住生活中的某些时刻，追问自己：“这一切是怎么发生的？还有其他的可能吗？这一时刻与其他时刻的关联是什么？它对这个世界意味着什么？对我意味着什么？”

正如思考文本是我们全部生活中不可或缺的一部分，帮助学生思考文本也是阅读教学的关键。而教授这种思考方式的最有力途径，就是在朗读的基础上围绕文本展开讨论。通过引导学生出声表达观点，我们教授他们怎样基于一个或多个文本进行思考或批判。学生的想法来自于教师和其他人的交谈，但他们最终无须借助交流互动就能形成自己的观点。伟大的心理学家维果茨基帮助我们认识到：让学生练习与他人交谈，就是帮助他们形成自己的思维框架。如果作为阅读者的我们被不断追问“你怎么看这个?”或“哪部分内容让你这么说？有什么证据?”，那么，我们就会开始追问自己这些问题。

在学校里，讨论有时备受重视，有时却被漠视，但令人惊讶的是，学校没有安排课教学生如何进行讨论。我们很少听到教师聊如何引导学生更好地讨论。然而，与阅读、写作一样，讨论是智力发展主要的动力之一，我甚至认为它就是智力发展最主要的动力。

在哥伦比亚大学师范学院阅读与写作项目的教室里，从开学的第一天起，每个年段的教师（从幼儿园到八年级）都要为学生读书，并精心设计讨论这些读书的活动，以便学生学习通过思考、讨论和写作来深入地回应这些文学作品。在一定意义上，这些朗读活动已经成为独立的学习单元。正如我在第三章提到的，在9月份，我们会阅读一些特别容易的文本，示范如何投入阅读中并做出回应。一段时间后，我们会通过一些更加精巧的设计，帮助学生讨论这些朗读的图书。在后两本书中，我也会展示我们如何帮助阅读者讨论他们独立阅读的图书，最终组织自己的思考并形成书面回应。

“讨论式的课程”是从全班一起讨论老师读过的书开始的，后来慢慢发展到讨论他们独立阅读的图书。随着时间的推移，我们敦促学生在如下几个方面有所发展。

起　初	后　来
学生讨论老师读过的文本。	学生讨论他们独立阅读的文本。
学生的讨论由教师来引导。	学生的讨论由学生主导。
学生讨论刚刚在学校听到的或读过的文本。	学生讨论他们在家阅读的文本。
思考主要通过讨论触发。	思考和观点的形成通过讨论和写作共同激发。
阅读过程中穿插着讨论（一般在读了几页之后）。	讨论在阅读了大部分的文本之后展开。这意味着阅读者要进行更多的归纳和总结。
讨论中不断出现各式各样的观点。	讨论最终会形成一两个延续性观点。

某些教师可能只围绕一个方面让学生重点发展，但重要的是，我们要求每个年级的教师都要引导学生独立学习，即便是大班的学生，在教师缺席引导交谈的情况下，也能和同伴讨论图书。在这一章中，我有一些方法、建议，支持学生在教室里组织讨论并提升讨论的水平（进而提升理解的层次）。我将教学的几个阶段描述如下。

◎ 让学生根据教师读过的文本进行口头讨论和书面回应。

◎ 讨论是为了生成想法，而不是汇报想法。

◎ 讨论具有固定的结构和框架。

◎ 教授全班学生引导和评价今天的讨论，启发未来的讨论。

◎ 确保讨论始终扎根于文本。

让学生根据教师读过的文本进行口头讨论和书面回应

曾经，我一度认为只要我能把一个通俗易懂的文本读得非常精彩，所有的学生就都能理解它，但我已经逐渐意识到这种期待不切实际。我们团队中的许多人都发现，当为学生读书时，我们在某个值得讨论的点上停顿下来，很多学生都不知道要说什么。要讨论一本被朗读的书，孩子们必须先用心听，然后在脑海中建构故事中描绘的世界。一些孩子倾听或阅读时头脑其实并不清醒。

最近，我的同事唐纳以教师促进者的身份，帮助南希·贝宗的36个四年级学生了解老师读书时的讨论可能会是什么样的。唐纳先读了一会儿，然后说道："告诉你身边的人你想到了什么？"整个教室顿时热闹起来。几分钟之后，唐纳问："因此你们都想到了什么？"我们并不认为总是需要反馈意见给老师，但是在这个时候，唐纳想要评估一下学生大脑被激活的程度。唐纳叫坐在边上的娜丁起来回答。娜丁看起来有点不在状态，没分享什么内容。唐纳问她："你怎么看这个故事？"娜丁耸耸肩，傻笑了一会儿，回答道："事实上，我什么都没想到。"

话音未落，教室里的每个角落都有孩子高举着手，表示"让我来"回答。唐纳可以轻易地把注意力转移到那些认真倾听老师读书的孩子身上。但如果有关标准的讨论有意义的话，它意味着唐纳和我们教师都必须理解，我们不仅要提问（比如在这个时候，就是提问"你怎么想的？"），而且还要让所有的孩子都回答问题。如果唐纳只是简单地把她的目光转移到那些"让我来"的孩子身上，她又怎么来教娜丁以及和她相似的那些孩子呢？

"娜丁，你知道吗？有时我也会这样，"唐纳说道，"有时我去其他老师的教室，努力去听她朗读的内容，但我的脑子就好像什么都听不进去一样，很快我就走神了，像做白日梦似的想着我放学后或其他时段要做些什么。这里还有其他人出现过这种情况吗？"

不出唐纳的意料，现在打盹和做白日梦成为老师给孩子读书时允许做的一件事。教室里举起了十几只手。“你们也这样吗?”唐纳问道，“弗朗西斯，你也出现过这样的情况吗？和我们说说吧。”

之后，4—5个孩子生动地描述了他们听不进老师读书的情形。“这很重要，”唐纳说道，“在团队里分享我们脑海里的活动是非常重要的。”当然，她说得对。在所有的教室里，我们都可能有学生在老师读书时走神，他们可能在羡慕老师的长腿，可能在注视窗外树上的小鸟，等等。一旦这些孩子因走神错过老师读的部分内容，他们可能就不那么容易衔接上之前的内容。如果孩子们在听我们读文本时都必须很努力才能让脑子跟上，那么当他们自己阅读文字时，这种困难显然要大得多。

那么，也有一些孩子在听老师读的过程中并没有打瞌睡或走神，但仍然发现自己不能理解老师读的内容，或者跟不上老师的节奏。我们绝对要让孩子们知道：如果文本对他们来说没有意义，他们的警觉意识就会丧失。对很多学生来说，阅读不过是一行一行地念单词。这些学生需要理解什么是读懂一本书，会期待理解书的全部内容。如果老师读的书没有意义，如果那些只言片语不能组合在一起，如果整个过程看起来不合逻辑，那么孩子必须指出来："我听不懂。"我们要时刻把握住文本，留意自己是从哪里开始知其文而不知其意的。我们可以说："等一下，我一定要重读这部分。"我们也需要让孩子们知道积极且敏锐地倾听意味着什么——正如唐纳所做的，要让他们在感到混乱时说"嗯？"

一旦唐纳告诉她的学生她很乐意与他们讨论倾听的困难、全心全意倾听的真正重要性，那么全班同学就开始深入研究如何敞开心扉去倾听与阅读。"告诉你们我是怎么做的。有时，当我在其他教师的教室里无法集中注意力时，我就尽可能坐得离教师近一点，就像这样（唐纳演示了一下她的做法），并且在她读书时盯着她的嘴。如果你听故事时集中注意力很难，你能试试这个办法吗？我们会讨论它的效果，而且，这意味着我们每个人在整个朗读过程中不能躺着，也不能互相编头发。我们要保持警觉。还有一件事，弗朗西斯和杰里米，娜丁和亚西尔，我希望你们想想当我问'你想到什么'时要怎么回答，做好准备，可以就文本说点什么。用这种方式来听我朗诵吧。"

在接下来的3—4天中，唐纳和全班同学一起努力，确保每个人都跟得上文本，能描绘出所听到的内容。每天，唐纳都会在一个章节中间停下来说："我能在脑海里看到它。告诉你身边的人你看到了什么。"有时唐纳会结束3分钟的讨论，说出她脑海中的图片。但更多时候，她只是通过继续读书来结束这种伙伴间的讨论，她可能会重读1—2个自然段，以此提醒她读到的位置。

显然唐纳的建议并没有什么神秘之处。我们也可以想象，整个班级形成了“以讨论文本为目的的倾听方式”清单。清单可能包括下面所列举的2—3种方式，从而产生更多的讨论（因而有更多的思考）以回应文本。

◎ 在阅读过程中，经常停下来思考和讨论，这样我们会逐渐习惯于反思我们所看到的和听到的。例如，我们可以只是看看书的封面和标题，就开始讨论所想到的内容。我们也可以阅读或倾听一段文字后再次暂停，讨论所思所想。我们并不是一直要以这种一小节一小节的方式阅读，但是在刚开始阅读时这么做是非常有用的。如果我们在一开始就对文本形成一定的图像和看法，那么就可以在之后的阅读中不断修正和扩展。及早对书本进行回应有助于阅读者形成不断回应的习惯。

◎ 有时，仅仅重复文本中的内容也会引起一连串的思考。我们可能听到标题，对阅读伙伴说：“这么说，这本书的书名是《山中的琥珀》(*Amber in the Mountains*)。”我们希望通过重复文本让自己有更多的思考和表达。

◎ 还有一种方式可以调动思考，即采用一些“开始句式”帮助自己回应文本。下面这些短句（并非全部）也许可以形成良好的开端。

☐ 我注意到……

☐ 我想到这么一件事……

☐ 它让我想起了……

☐ 我喜欢这一部分……（或者我不喜欢……）

☐ 我想知道为什么……

☐ 如果……会怎么样?

☐ 看到……我很吃惊。

☐ 我不太理解……

☐ 当……这不公平。

☐ 当……我改变了主意。

◎ 有些阅读者发现简述自己的思考，之后再来讨论，会更加容易些。我们可以建议：学生在倾听的时候，要明确已经预留出时间让他们快速概括自己的思考和想象。然后我们可以建议学生以结对子的形式谈谈自己的概括。

◎ 有时候，如果我们能在阅读或倾听的过程中简单记一下书的细节和内容，就能帮助我们进一步思考。

◎ 有时候我们首先明确一些事实，也可以帮助我们思考。在阅读了开放式的部分内容之后，我们可能要停下来回头看看，以便弄清楚状况。故事的人物是谁？我们对他们有什么了解？故事是从哪儿展开的？故事中的人物是不是遇到了大难题?

◎ 如果我们在听今天的故事文本之前，先回想一下昨天的内容，也能调动我们的思考。这也能帮助阅读者建构并加深自己的初步印象。

在老师给孩子读书时段插入“说点什么”的环节之后，我们可以让孩子在这些插入环节做些简单的笔记，而不是讨论文本。我们发现，在早期阅读中，这样做能让学生对书本形成自己的想法，而这样做的最佳方式是增加讨论。在一本书的最初几个章节，我们还是要求学生“说点什么”。然后，中途转变成和伙伴一起“说点什么”。在伙伴讨论之前，我们会要求他们打开自己的阅读笔记，记下自己的思考。“让我们在纸面上完成讨论。”我们说道。做了几分钟的笔记后，我们可能问学生：“谁记下的笔记能够让我们生成一个精彩的对话?”

我们希望通过这样的方式告诉学生：阅读者应该写下他们的阅读收获，因为写作有助于他们进行更为深入的思考，产生精彩的对话。这里我必须慎重地强调一点，这里的写作并不是记录我们已有的对话，而是要推动对话更深入，激发更多的对话。

这样的区分是非常重要的，因为引导学生更多地讨论（和写作）的挑战之一，就是让他们看到讨论并写下对书的思考，有助于生成和分享想法（我将在《如何设计阅读教学工作坊?》和《如何培养良好的阅读品质?》里进行更为详细的论述）。

讨论是为了生成想法，而不是汇报想法

15 年前，哥伦比亚大学师范学院的阅读与写作项目刚开始进入阅读教学领域，我们每周都以小组的形式碰头，讨论成人文学。我们那一年读过加西亚·马尔克斯的《霍乱时期的爱情》，伊莎贝尔·阿连德的《金色豪门》、威廉·肯尼迪的《紫菀草》以及另外 30 本小说，一起学习如何很好地讨论。我永远忘不了我们的第一节课。我们邀请《事实，假事实和反事实：读写课程的理论与方法》（*Facts, Artifacts, and Counterfacts: Theory and Method for a Reading and Writing Course*）的作者安东尼·彼得洛斯基来帮助我们思考怎样才能建立一个阅读者社区。安东尼建议我们中的几个人在整个团队面前先就一本

书进行讨论。我们这群人坐在一个大房间的中间，围在一起就唐·德里罗所著的《白噪音》一书讨论了 20 分钟。我们都是项目正式或非正式的负责人，乐于在安东尼等人面前展示自己的阅读心得。通过一起讨论《白噪音》，我们每个人都在对话中贡献出自己的所思所想，优雅地（我们希望是）在彼此的观点里不断切换。

后来，在评论我们的对话时，安东尼说："你们只是报告了自己已有的观点，却没有通过讨论增加观点。如果没有人对别人的观点进行回应，也没有人要求别人对自己的观点进行回应，那么对话就只是停留于表面，泛泛而谈。这就是我对今天交流的感受。"想想看，他把我们的讨论形容为肤浅的泛泛而谈，我们当然既沮丧又高兴，因为安东尼让我们认识到读书俱乐部项目与每个拓展训练（Outward Bound）过程一样有严格的要求。"汇报太多了！"安东尼说，"你们展现了自己的想法，但没有一起讨论。如果是我带领团队，十分钟后我仍然听不到人们相互回应，我就会感到不安。"

那天安东尼的话促使我们思考一个团体的引导者怎样能促成成员之间相互回应。他这么评论："兰迪，你说的在我看来和埃伦说的是矛盾的。你们俩能讨论一下吗？"安东尼也向我们展示了作为团队的引导者，我们应该如何帮助成员将其对文本一闪即逝的观察发展成完全成熟的阅读。"这个观察与整个文本是否契合？"或者"你能用那段评论来说明整本书吗？"我们观察到，这些单句在整本书的讨论过程中发挥了很大的作用。我们开了一个好头！

事实证明，安东尼提出的挑战是一个重要的问题。我们努力工作了数月，才真正开始理解他的意思。我后来发现，我自己的读书俱乐部也出现了安东尼在我们就德里罗的书进行讨论时所观察到的同样的情形，这种情形持续了数月之久。我不知道为什么花了好几个月才发现，我们已经陷入了这样的模式。我想，我们开始过于把焦点放在为团队建立常规仪式上，放在要为团队贡献一些聪明的想法上，以至于我们忘却了安东尼机智的点评。事实上，在最初的几个月，我们都会关注如何在讨论之前形成自己的想法，以丰富整个对话。在召开读书会前，我会回顾自己的画线部分及其批注，试图在读书会前就提炼出一些好的想法。

几个月后，我们通过看录像来研究我们的读书会，很清楚地看到在一个典型的对话过程中我们总有人在“展示卡片”。例如，雪莉可能在书上记下了基督的隐喻，然后凯瑟琳可能在桌上放上她的卡片，把它与最初讨论的观点勉强联系起来：“你对隐喻的讨论提醒了我。这个结局很奇怪，不是吗？我从没想过结局会是这样的。”然后兰迪可能拿出一张卡片：“写作风格也很奇怪。这是一本奇特的自传，作者是一个新闻记者，所以书里面比其他的自传多了很多事实和数据。”

我们的读书俱乐部往往从大家“展示卡片”或报告他们在开会之前形成的观点开始。有时（我承认很少，直到我们开始意识到这个模式的存在），我们胡乱说一通陈列出来的观点后，我们中有人会说：“我们在干什么？桌上摆放的什么观点可以让我们讨论得久一点？”这就像是在问：“哪张卡片应该多讨论一会儿？我们应该玩玩哪张卡片？”之后，团队会形成一个焦点，我们尽可能长时间地对它进行讨论、思考、记录、重读，然后再进行更多的讨论。当有观点引导我们讨论下一个想法时，焦点就会改变。先是一个人，然后是另一个人，都遵循同样的话题进行探讨。我们不再像以往那样汇报观点，而是在相互陪伴中发展并提炼想法。当这一切发生时，屋子里的氛围出现了明显的不同！我们发现自己的身体向前倾着，发言建立在现场讨论的基础上，我们在相互启发中思考。

学生刚开始的表现和我们一样，最初都把整班的对话看成观点汇报的论坛。一个孩子先抛出自己的想法，下一个孩子丢出另一个，彼此风马牛不相及。对话从一个有待发展的观点跳到下一个，孩子们作为阅读者评论了故事的结局、有趣的部分、人物特征和作者的写作风格等，但没人扩充或挑战别人的观点。

“我想着很有趣。”一个孩子说道。

“是的。”另一个孩子加入进来，“这个宝宝太酷了！”

“我不认为他们最后应该回家。”第三个孩子说道。对话以这种风格持续下去，没人会详尽地解释任何观点。

我和我的同事们已经逐渐认识到，要提高学生（和我们自己的）读书会的质量，其中一个非常重要的方式就是要引导对话，这样在经过一段重要的、数量较多的陈列卡片时间之后，大家可以就一个观点进行长时间的讨论，一起沿着一条线索进行探讨。用米娜·肖内西（Mina Shaughnessy）的话来说，一场有品质的读书会的标志不是说“几句想法”，而是形成多段甚至一整篇的思考。人们不再仅仅报告自己已有的观点，而是共同生成想法。

讨论具有固定的结构和框架

我们借助很多办法帮助学生聚焦并展开他们的讨论。有时，我们给对话的不同部分设定框架，学生会觉得这就像是“展示卡片”，并对卡片进行讨论，从中选择一个焦点，形成一个供全班讨论的话题。

我最近观摩了吉尼·洛克伍德（Ginny Lockwod）和二年级学生这样做的过程。

“我们花几分钟来交换下我们对这本书的观点和问题，这样可能会得到一个能进行深入探讨的话题。”她说道，“大家能把观点都列出来吗?”

几个学生给了建议，吉尼对他们的观点稍加修饰后复述给同学们听。她把每个观点都写在一张大的便笺纸上，并贴在大白纸上。然后她开始提问：“现在，我们有这么多讨论的可能。你们觉得有没有什么话题我们可以持续讨论一会儿?”

全班同学很快选出了焦点话题。吉尼复述了这个话题，邀请学生进行思考：“有人要说说对这个话题的看法吗?”她问道，“安德烈，你同意亚西尔说的吗？你能说说你的看法吗?”安德烈给了一个含糊的评论。吉尼重复了他的评论，并对此表现出了浓厚的兴趣，这些都是在帮安德烈做更为详细的阐述，复述他的评论让她看起来似乎在进行深入思考。然后吉尼看着她的学生，好像在问：“你们怎么看呢?”同学们沉默不语，于是吉尼说：“我只是想知道我能不能在文本中找到这样的例子……”很快，萨拉就提供了一个案例。

在对话不断深入的过程中，学生仍有几次将讨论偏离到无关的话题上。“我搞糊涂了，”吉尼几次都这么说，“这和我们所讨论的有关吗?”如果答案是否定的，吉尼就会说：“你们能把它留到以后讨论吗？我们现在得讨论这个问题。”

在展开讨论的过程中，吉尼一直在做笔记。有几次她说：“让我们重新思考下我们到目前为止所说的。”然后，她回顾了对话过程，确认了学生对话的发展过程，肯定了大家的努力，并总结内容：“亚西尔用一个很好的想法开始了对话。他想知道为什么……安德烈做了补充，我们要求他说得详细些，因此安德烈拓展了他最初的想法，提出……之后萨拉和弗朗西斯都在文中找到了例子……”吉尼给了对话一个框架，这样学生可以参与到一个焦点明确的读书会中。最终，全班学生都会用吉尼教他们的方式来形成自己的对话，减少了对她的依赖。

马克·利特纳在和四年级学生讨论加里·保尔森（Gary Paulsen）的《纪念碑》（*Monument*）一书时，用相似的方式让读书会的讨论部分有了一个固定的框架。

马克：你们中有没有人能为我们目前为止所读的《纪念碑》找一个讨论的起点？有没有能引发对话的想法？

梅利莎：嗯，我不知道为什么小镇上需要建纪念碑。

马克：（老师装作思考的样子）嗯嗯嗯……你不知道为什么小镇上需要建纪念碑？！一个不错的想法……有人能说说看法吗？

贾森：罗基为什么这么生气？

马克：贾森，请暂时保留你的问题。梅利莎已经把一个问题提了出来，因此我们要一起来思考这个问题。梅利莎，再和我们说说你的问题吧。

梅利莎：为什么他们需要纪念碑？

马克：（对着全班同学）我们要让她多说一些吗？你们不想知道她在想什么吗？有人想要梅利莎进一步解释吗？

马里奥：解释一下吧。

马克：马里奥，你的意思是不是你对梅利莎的问题感兴趣，想多听她说一说？因为我不确定你的样子是不是感兴趣。

马里奥:(向梅利莎说)你说为什么小镇需要建纪念碑,难道它不是为了纪念那些在战争中死去的人吗?

洛雷娜:我觉得他们想要更有名气,想要因为某些原因而众所周知。

莉拉:因为书里说除了路过,没人想要去博尔顿。

佩德罗:那里只有一些谷物仓库。

马克:因此,梅利莎用为什么博尔顿需要建纪念碑这个问题为我们的讨论起了头,然后马里奥提出了自己的观点,说纪念碑赋予战争中的死者荣光。洛雷娜反对,她认为纪念碑可以给小镇带来名气。莉拉从书中找到了证据,她记得保尔森把小镇描绘为一个除非路过没人会去的地方,佩德罗也提出了证据,指出小镇除了一些谷物仓库之外什么都没有。所以,我建议大家和自己的伙伴讨论一下这两个问题:你怎么看待梅利莎关于为什么博尔顿需要建纪念碑的问题?有没有人不同意我们到目前为止的讨论?

(教室里到处都响起嗡嗡嗡的讨论声)

罗丝:我想他们不需要建纪念碑。

(教室里一片静默)

马克:有人要对罗丝进一步提问吗?

马里奥:为什么?你为什么觉得他们不需要建纪念碑?

罗丝:他们可能只是听过某些很有名的墙,觉得它很酷什么的。但他们只是为了显得酷。

马克:这样我们就有了两个不同的看法。洛雷娜、莉拉和佩德罗认为小镇需要建纪念碑,这样小镇会变成一个知名的地方,以展示自己的地位。听起来你们三个人认为一个小小的农业型小镇有个纪念碑很不错。而罗丝，我听你刚刚说的，你认为小镇建纪念碑的做法是错的。其他人怎么看？

有时，用这种稳固、确定的方式为对话搭好脚手架之后，教师可能想要回到学生们讨论得不错的地方加以评论。“我喜欢我们真正持续围绕梅利莎的问题一起展开讨论，”老师可能这么说，“我要表扬罗丝的勇气，敢于说出‘我有不同看法’，这能让我们真正深入地展开讨论。有时我们很难控制住不跑题。”

经过几周这样的讨论之后，教师可能想要淡化自己的角色，放手给学生组织读书会。如果我们希望学生完全自行发起并引导自己对书的讨论——对其他事情的讨论也是如此——他们需要学会举行自己的读书会。我们可能继续让学生与伙伴讨论、交流对某个话题的想法，以此来启动全体性的对话；之后，在与伙伴讨论的时候，我们应该认真倾听，试着找到一些可以引发全体讨论的信息。教师可能会说：“汉娜有话要说，这会开启我们的讨论。”然后引导全体同学去对一个评论进行拓展：“谁对汉娜的说法有别的看法，或者要进一步丰富她的观点？”但是，到了这个时候，我们更想后退，让学生在没有我们引导的情况下自行讨论。

教授全班学生引导和评价今天的讨论，启发未来的讨论

如果我们在读书会中扮演了引导的角色之后又抽身出来，读书会可能会陷入混乱。学生可能会争着发言，大声压过对方的声音，甚至相互辱骂。一旦这些情况开始出现，我建议教师就坐在那里让它发

生。我不建议教师为了解决问题而进行干预。虽然我试着尽可能记录下混乱的情况，但不会去阻止对话或放慢对话的节奏，我将听任问题出现。问题越大，越复杂，越容易让学生通过自身的努力去矫正这一切。问题出现大约 20 分钟（感觉像过了一万年）后，我会说："我们暂停一下，反思一下对话。刚才的对话进展如何？"

我提问的时候就清楚地知道全班学生会就今天的问题吵成一团。"我们能让事情变得好点吗？"我可能这么问，引导所有的学生讨论那些能带来变化的想法。

最终，学生会谈到自己在对话中的感受。作为教师，我们需要准备好研究这些问题，当明确了问题并不断地加深了对问题的了解时，我们能创造出有效解决问题的工作情境。杰弗里是个大块头，他既贴心又聪明，他的表达让凯瑟琳（Kathleen Tolan）老师和我惊讶。他说五年级班上的一些同学在读书会中的行为让他觉得不安全。杰弗里是凯瑟琳班上比较受欢迎的一个学生，我所看到的这个班是一个亲密的、学生间相互信任的集体，杰弗里怎么会觉得不安全呢？杰弗里是个高个子，可能有 68 公斤重，明显是个"头儿"。凯瑟琳可以不理会他的担心，消除他的顾虑，这样做很容易。但是，她却让杰弗里再多说点。当时杰弗里不想在全班同学面前讨论这个问题，凯瑟琳让他在放学后找她。

杰弗里说同学们的一些话让他觉得不安全，他们快速且大声地攻击他的观点。"他们在抨击我。"他说道。他告诉凯瑟琳有时甚至她的话也会让他觉得害怕。这段对话还谈到了他的其他恐惧，包括在操场上和男生洗手间里的恐惧。因为他是大块头，所以大家希望他能阻止别的同学打架。所以当操场上的人喊他的名字时他很害怕。"班级并不总是安全的。”杰弗里说道。

第二天在班级会议上，凯瑟琳公开提出了这个话题，杰弗里重复了昨晚他说的大部分内容。凯瑟琳说她想了解别人的想法。几个学生一个接着一个地谈到了他们对被评判的恐惧，谈到了在读书会上他们的看法多次被抨击时的恐惧。阿什利说：“有些人威胁到了我们，所以我们在读书讨论中放弃了自己的观点。”

“但这不是真的!”聪明又有激情的德维亚说道，“我就是你谈到的那种人。我做了你说的事情。我说得很大声，我也敲了桌子，但我不想威胁你。我只是兴奋过度了。”

很快，学生开始深入研究“讨论”这个话题，探讨怎样能让一些细小的声音被听到。“我们今天为什么不研究一下自己呢?”凯瑟琳说，“尽可能留意我们每个人扮演的角色。”全班同学开始听教师读书，安静地坐了一会儿后，大家开始讨论。只是这一次，在讨论结束之后，凯瑟琳说：“我们为什么不花些时间，每个人都做些笔记，记录自己在今天讨论会上的角色呢?”学生首先与阅读伙伴交换了笔记，之后凯瑟琳公开向全班同学提出这个问题。

“当我说‘心灵旅程’对男孩子来说是个奇怪的名字，加伦就跳出来补充说‘对女孩子来说也是个奇怪的名字’。我正要说到这一点，但我还没说完就被他打断了。”托尼说道。全班学生一起讨论了一会儿自己的感受，即自己被下一个发言的人打断时的感受。

“这么说，我们是不是有必要制定一个规则，在每个人发言后给一小会儿的安静时间，以防他们还有更多的话要说?”凯瑟琳问道。在10分钟内，整个班级为第二天的读书会制定了三个规则。第二天早上，凯瑟琳一开始就说：“今天，在我开始读派翠西亚·梅可雷兰

(Patricia MacLachlan)写的《心灵旅程》(Journey)的下一章之前，我们先回顾一下大家为今天的读书会所制定的规则。”然后她要求学生留意读书会的进程，以便大家稍后讨论。

后来，一个平时很安静的学生黛安娜说:“我发现我都没有发言。”同学们对她的说法感到吃惊。“你之前不知道吗?”大家问道。

黛安娜的眼神透出抗拒，在凯瑟琳的鼓励下她说:“我感觉我一直在参与。”大家很快弄清了，原来有几个学生觉得他们是在积极地参与，因为他们认真倾听并努力理解大家的发言，关注着对话的发展。比如，黛安娜身体一直转来转去的，一会儿转向悉尼听他发言，一会儿转向德维亚听他表达，而且她确切地记得每个人发言的内容。

很快，黛安娜、安杰拉、约翰以及其他更不爱发言的同学认识到，为了有时间来构思想法并贡献给班级，他们基本不可能一直在听，而是要花较长的时间进行思考，在头脑中形成自己的看法。“试试看，”同学们这么建议，“你有了想法之后，先对自己说一遍，然后再试着加入到讨论中，说给大家听。”

可以预见，全班同学要面对的下一个重要问题就是，安静的学生会经历一段艰难的时光，才能学会加入对话中。往往他们有足够的时间发表自己的观点时，话题已经和最初讨论的无关了。同学们提出了一些建议，其中一条就是让不善发言的同学来开启整个对话，每天第一个发言。托尼还注意到每当约翰有话要说的时候，他常常会向前靠，表现得有些激动。很快，全班同学都密切关注到约翰的肢体语言。他们学会说:“约翰，你有什么要补充的吗?”

此外，德维亚需要大家的帮助，在她跑题或说得太多的时候提醒她。她知道凯瑟琳和同学们都非常重视她的意愿，让她思考和回应文本。但大家都承认，有时德维亚和其他几位同学都需要一点控制。“给我一点提示。”德维亚对其他学生说，很快全班同学做了一个约定：如果有人占据了太长的发言时间，别的同学可以用手碰碰嘴唇，以此表示“小心不要说太多”。大家也都清楚了，如果一个健谈的同学和一个安静的同学同时要开始发言的话，健谈的同学可以稍后发言。

了解这群孩子是如何看待这个问题的很重要。凯瑟琳尽量让每个孩子在讨论中感到安全，而不认同“有些人可以多说，有些人可以完全不发言”。让大家在读书会上对问题展开讨论，可能很容易在无意中引起大家对那些主导声音的不满。这就出现了一个真实的问题。在读书会中，特别在新学年的开始，我们需要健谈的学生来发挥引领的作用。当他们在回应书本时，表现得激情澎湃、意志坚定而且滔滔不绝，他们的同学就会变得挑剔，认为他们“占用大家的时间”。如果意识到这一点，全体同学就会认为，过于投入到读书讨论中是有风险的。同样，一旦我们让集体中这些有力的声音消失，我们很可能会失去群体对话的动力，对话会变得平淡而空泛，草率而客套。虽然我们不希望天天总是由同一拨学生主导着对话，但我们也不能指望每个孩子每天均等地参与到对话中，“一碗水端平”。我们希望创建这样的集体，即学生强烈地想要回应书本，并且把自己这些急于分享的观点带给全体学生。我们希望在这样的集体中，每个学生都觉得自己有责任思考：“我怎样才能成为对话中更为有用的一员呢?”

这里有些建议，能帮助学生反思他们在读书会上的讨论。

◎ 我们中有些人在纸上对进行中的讨论做记录，其他人则用活页本做笔记。把整理稿（transcripts）打印出来发给大家，或者转换成投影片。有些教师可以给讨论现场录像或录音，供班级以后分析。

◎ 回放讨论过程，学生可以对此进行深入思考。如果讨论慢慢停下来，话题不停地跳来跳去，而不是就一个观点展开，或者讨论特别深入文本，值得表扬，那么我们就可以通过笔记来回忆之前的关键时刻，重复学生当时表达的观点，并建议学生从之前的那个点重新开始讨论。

◎ 回顾讨论过程，并根据学生设计的量表进行评估。如果全班都致力于一个平等对话的目标（比如用尊重的态度反驳对方的观点、让安静的学生先发言、讨论建立在彼此的观点上等），全体学生就能从一个公开了目标的量表中受益。对全班学生的讨论进行书面记录，让我们可以反思践行目标的整个过程，但即便没有整理稿，学生也可以回想起讨论过程，并根据一个清晰的目标进行评价。

◎ 当读完一本书或书的一部分章节之后，从整体上回顾书本内容以及全班同学对它的讨论，这样做非常有帮助。同学们会问："我们从这本书中学到了哪些知识可以继续用到下一本书里？我们下一次能做得更好吗？哪些我们可以用于自己的独立阅读？"

汉娜·施妮温德（Hannah Schneewind）邀请二年级学生和她一起重读他们读书会的记录。孩子们注意到，有一个孩子认为主角很自私，但是没有人让他做进一步的解释。"我们怎样帮助弗朗西斯解释一下他的看法呢？"汉娜问。全班讨论了一会儿，然后汉娜指出经常有些看法没有经过讨论就过去了。很快，全班同学一起制订了一份回应清单，用来拓展每个人的观点。

◎ 我同意你所说的，因为……

◎ 你说的和我想的差不多，因为……

◎ 你为什么那么说？你能给我展示下你是怎么想到那一点的吗？

◎ 你能再说说吗？

◎ 你能举个例子吗？

◎ 我不确定我理解了你的意思，你能换个说法吗？

◎ 我听到了你的观点，但我的看法不同……

其他班级则列出了一些短句，来帮助学生“接住”别人的想法。虽然给学生一些短句来提升一段自然的对话的做法看起来不太自然，但这些短句对于利用好这段飞逝的时间非常重要。

◎ 我想对大卫的看法进行补充。

◎ 我有个例子可以证明你的观点。

◎ 还有件事与这个有关，即……

◎ 我发现你说的和我们之前的讨论有点联系。

◎ 所以，你是在说……

◎ 我同意这个部分……

◎ 回到你所说的……

◎ 如果你说的是真的，那这是不是也是真的？

◎ 第 13 页那部分有没有例子？比如……

◎ 那是真的，但是……

凯瑟琳和她的学生，还有汉娜和她的学生用来促进读书会讨论的方法，也是我们出于多种原因常用的方法。全班同学一起确定问题，通过头脑风暴收集解决的方案，把这些方法付诸行动来改变以往的做法，反思事情是变好了还是变糟了的原因，以此生成新的关切点。我们对这个方法加以改进，并在我们的阅读和写作工作坊中创造出很多一连串的迷你课和研究单元。

当然，我们在读书会上拓展别人观点的方式，也是我们可以用来相互拓展思维及提升写作能力的方法。如果我被要求对看过的一本书发表观点或写点什么，我就很容易形成一个点评或想法。现在的挑战是要多说点，要从“一句的想法”变成“一段的想法”。足够有趣的是，和读书会一样，在写作工作坊中，我们教学生观察并形成看法，然后回顾这些看法，从中找到“可以发展的种子想法”。然后，我们让学生围绕这个想法进行深入思考，积累出更多的想法。当然，在写作工作坊中，当我们建议他们花一周时间来发展他们的种子想法，用几天时间来写顺河道漂流、为小豚鼠搭窝的过程，或者在电梯中的焦虑感时，学生也会表现出焦虑。“我已经都说过了”，学生在写作工作坊上告诉我们。同样，在读书会上，学生也会反对花很长时间来讨论一个人的评论。这两部分内容都会变成教学点。如果有学生的确仔细琢磨了某个特定的题目，特别是这个作者形成了一些新想法和观点，我们就会充分利用这一点。原本是漂流的一段文章，会变成一篇散文，抒发描述面对身体和情绪上的挑战时的勇气；小豚鼠的故事则为父子的亲密关系提供了窗口。同样，麦克拉克伦的《心灵旅程》一书中关于爷爷时刻要拍照这个令人烦恼的习惯的描写，在读书会中就可以发展成对爷爷拍照动机的探索。

确保讨论始终扎根于文本

如果我们让学生一起讨论书，完全不加以干涉，那么就会出现另一个问题：书会从学生的讨论中消失不见。我最近听一些学生讨论威尔逊·罗尔斯的《红色羊齿草的故乡》(*Where the Red Fern Grows*)这本书。对话一开始，学生提到书中的两只猎犬——大丹(Old Dan)和小安(Little Annie)，它们品种不同但是相亲相爱。"我的小狗们走到哪儿都在一起。"一个孩子说道。另一个孩子补充说他的狗喜欢追猫。讨论了一会儿狗追猫的故事之后，对话转向了另一件事：有一个孩子没有宠物。

在整个对话过程中，教师都在旁边愉快地点头。最后，当对话逐渐接近尾声时，教师说："我们谈了很多有关'动物之间的感情'的想法。"她把这一点写在白板上，"我喜欢你们找到的这个很棒的主题！"我目瞪口呆——这可能是一场热烈的讨论，但怎么会是关于《红色羊齿草的故乡》这本书的讨论呢？

我想面对类似于这种学生将书的内容的讨论转到了生活对话中的情形，这个教师的表现并不是绝无仅有的，她也不是唯一一个在读书会中把对同胞之间的竞争、宠物对人类的忠诚或者宽恕等话题的讨论称为"很棒的主题"的人。似乎很多教师认为一场好的读书讨论应该从对书本的评价开始，然后转向人们生活中的"大问题"。但是，对我来说，当书的讨论与书无关时就应该亮起红灯（我将在《如何培养良好的阅读品质？》中进行更多的讨论）。我完全赞成加强个人关系和对话，但是我希望它们能根植于文本本身。如果读书会打算从观察大丹和小安的不同开始，我会期望听到同学大声朗读原文段落，来展示它们之间具体的不同。我会期望大家仔细品味书本的相关章节，找到差异之外的共同点。在我看来，一场好的读书讨论，书应该是完全打开的，学生的观点能得到文本提供的证据支持，经得起推敲。

读者可预测的对话，比如“大问题”这样的对话，要么把读者带离文本，要么带回文本。教师通常会问学生：“你认为下面会发生什么事?”但很少有教师会说：“让我们沿着你的逻辑思考。是什么让你怀疑下面将要发生的事?”很少有教师说：“告诉大家你推测的依据是什么。”极少的学生会负责任地说：“我不明白为什么你觉得会发生那件事。你有什么证据吗?”或说：“我想我的看法不同。看一下第9页……”

当然，不仅是对故事的预测，其他任何对书本的回应都应该依据文本进行。如果一年级的学生宣称罗伯特·麦克洛斯基（Robert McCloskey）的《小塞尔采蓝莓》(*Blueberries for Sal*）一书中的小塞尔非常勇敢，我就会希望有学生或教师能听听这个说法，说：“给我们说说吧”或说：“你怎么想到的?”

一旦年轻的读者们发现他们被要求根据具体的文本参考来说明自己的想法时，他们就会觉得有必要在阅读时用某种方法记录下他们读到的以及形成的看法。在《如何设计阅读教学工作坊?》一书中，我会讨论到这些方法，包括学生可以使用便笺纸、书签，在大纸上写下书的页码等，这样他们就可以快速定位到支持他们论点的文本部分。几乎所有的学生都坚持认为，他们有完美的记忆，无须任何记录就可以回想起自己的看法和能够支持自己看法的文本所在的位置。但是，事实上，好记性不如烂笔头，阅读时记下一闪而过的想法，我们就可以之后再回顾并加以完善，而且我们也可以帮助同学在读书讨论中唤起他们早期的印象，形成成熟的观点。而且如果不标注段落的话，当我们需要证实观点时就会浪费大量的时间寻找文本资料。

匹兹堡大学学习研究所的主任劳伦·雷斯尼克（Lauren Resnick）把希望学生能够依据文本来发表观点作为其提出的“负责任的讨论”（accountable talk）的重要内容。要求提供证据的习惯，也是特德·赛泽（Ted Sizer）的核心学校联合会（Coalition of Essential Schools）所遵守的基本准则之一。正如我在《如何培养良好的阅读品质?》一书中指出的，提出观点并用论据进行论证，这个能力是许多学生撰写文学评论的关键。在这些论文中，学生要写出“我对这篇文章是这么看的，我的理由是……”当然，我们在生活中通常也不会根据那些无凭无据的揣测和谣言进行判断和决策，而是信任我们自己精挑细选出来的证据。

想要让学生根据文本提出看法，教师可以给学生时间来准备，让他们给计划要参考的文本部分做上标记，或者复习一下他们的笔记。我们也会多次看到学生在讨论时眼睛扫过手里拿着的书本，我们可以鼓励这种行为：“我刚刚看到你扫了一眼文本。你能告诉我们你注意到什么了?”学生有时会认为在讨论时看书来支持观点是一种作弊的行为，我们就需要告诉他们不这么做才是在弄虚作假。我们可以帮助学生养成论证时指出文本具体部分的习惯，鼓励他们相互要求提供观点的证据。我们可以记录下对话过程然后重新播放，找出那些可以提供具体的文本作为参考的地方。年轻的研究者可以特别注意讨论是否真正根据书本来进行。无论如何，如果教师想让学生总结一年的学习并提出“新年计划”，全班同学就可以提出一份评论清单，相互督促，对文本进行更多的解释。

◎ 解释一下你的意思吧。

◎ 是什么让你那么说?

◎ 当你想到那一点时，你正在读哪部分内容呢?

◎ 你能找到让你那么说的那部分内容吗?

◎ 第 93 页里有你提到的例子吗?

◎ 我们一起看看书上是怎么说的吧。

◎ 我不认为我同意你的观点，你先看一下第 126 页。

通过鼓励学生相互要求提供支持观点的证据，我们可以帮助他们养成论证时指出文本具体部分的习惯。

根据具体的文本参考来提出自己的论点，其重要性还表现在读书会中，因为这样可以让所有人共同思考这个观点。“这是我的看法和理由。”养成这么说的习惯，可以让别人根据我们提供的证据来思考我们的结论。当我们说“证据在第 16 页”时，我们不仅证明了自己的观点，而且也邀请了别人进入我们的思考路径中，激发我们产生了更多的想法。

当然，当学生引用具体的一页作为证据说明时，其他人可能不会因为那一页而产生更多的想法。当孩子们听兰达里奥说“大丹和小安截然不同，因为，听听小安陷在河里的这一幕”时，他们的大脑可能并没有动起来。这时我们要对同学们说：“让我们所有人一起读读兰达里奥引用的这一段。你们可以两两讨论（或记笔记），思考两条狗解决危机的方式有何异同。”五分钟后，我们说：“兰达里奥已经提供了他对这一幕的解释。有人有不同的看法吗?”

谈到如何帮孩子基于文本进行讨论时，我其实也是在谈如何创设辩论、质疑和多元解释的氛围。为了提神（可能仅仅为了这一目的），学生要思考如何反对别人的意见，并让他能听进去反对意见。这说到底是反对的礼仪。如果一个朋友猛烈抨击我们的观点：“我完全不同意”或“你就是错了”，大多数人会感到生气，充满戒备。但如果我们的朋友在评论前这么说：“我明白你说的，但我有不同的看法。”或者说：“我理解你的观点，但我好奇你能不能也这么说……”或者说：“我对此有不同的看法。”或者说：“我部分同意你的观点，部分反对，因为……”这些说法能带来多大的不同啊！

然而，只要孩子坚持认为读书会的目的就是告诉别人自己的想法，就是要用自己的观点压倒别人的观点，那么全世界的讨论礼仪都可有可无。所以，很重要的一点是，要强调读书讨论的目的是要向别人公开我们的想法，进而提炼或改变我们最初的想法。

“在今天的读书会上，你们中有多少人改变了自己的想法，或得到了新的认识?”我们问。6 只手举了起来，我们就可以对他们表示祝贺，说：“你们太棒了!”然后，我们可以转向其他学生，告诉他们，下一次，如果他们能认真听大家发言，他们也能在读书会中形成新的观点。乔安娜·科恩·梅里克（Joanna Cohen Merrick）班上有一位五年级的学生叫伊利萨·桑普林，她表达了读书会是如何改变了她的观念，读书会已经成为思考新想法的机会了。我们来听听她的说法。

反思笔记

伊利萨·桑普林

6 月 10 日

当我来到这个班级的时候，我正处于喜欢阅读并且觉得自己对阅读无所不知的阶段，但事实并非如此。我在班上和同学们就书本进行讨论，但那些对话都是“就在那里”式的。我那么说的意思是，我们讨论书里就在那里写着的东西，因为我们早已知道书里面的信息，那些对话基本没有什么价值。

我过去也讨厌便笺纸。我读了很多书，但并不真正“了解”它们。我不会讨论全书的内容，可能也不理解、不喜欢书的每个部分。我只知道自己的观点。我不太参与对话，所以我并不知道别人的感受或想法。我没法与一些新事物进行比较。我不会赞成、反对或补充别人的观点。这就像我从洞里掏出一本书，读完后又塞回洞里，并把它从我的脑中彻底抹掉。我从没把它再挖出来，重新思考。现在，我希望我当时读那些书的时候是可以把它们翻出来进行深入的思考和讨论的。

我过去只是阅读，并没有思考或讨论“读过”的书。我想“读”字就意味着很多了。

阅读意味着你把书本咀嚼到再也不能咀嚼为止。你得拿上书，读懂它，直到你能说出整个故事，但不是只讲述故事，而是要在故事中生活，继续挖掘它。去年，还有之前的很多年，我没有真正地读书，只是拿着它们……

出 版 人　李　东
项目统筹　代周阳
责任编辑　代周阳
版式设计　郝晓红
责任校对　贾静芳
责任印制　叶小峰

图书在版编目（CIP）数据

如何有效运用阅读教学策略？/（美）露西·麦考密克·卡尔金斯著；林玲译. —北京：教育科学出版社，2018.4（2024.2重印）
（阅读教学新视野丛书）
ISBN 978-7-5191-1392-6

Ⅰ. ①如… Ⅱ. ①露… ②林… Ⅲ. ①英语—阅读教学—教学研究—中小学 Ⅳ. ①G633.412

中国版本图书馆CIP数据核字（2018）第016948号

北京市版权局著作权合同登记号　图字：01-2015-4933

阅读教学新视野丛书
如何有效运用阅读教学策略？
RUHE YOUXIAO YUNYONG YUEDU JIAOXUE CELÜE？

出版发行	教育科学出版社		
社　　址	北京·朝阳区安慧北里安园甲9号	**市场部电话**	010-64989009
邮　　编	100101	**编辑部电话**	010-64989422
传　　真	010-64891796	**网　　址**	http://www.esph.com.cn
经　　销	各地新华书店		
制　　作	永诚天地		
印　　刷	保定市中画美凯印刷有限公司		
开　　本	720毫米×1020毫米　1/16	**版　　次**	2018年4月第1版
印　　张	11.5	**印　　次**	2024年2月第7次印刷
字　　数	122千	**定　　价**	39.80元